VORWORT

Die Sammlung "Alles wird gut!" von T&P Books ist für Menschen, die für Tourismus und Geschäftsreisen ins Ausland reisen. Die Sprachführer beinhalten, was am wichtigsten ist - die Grundlagen für eine grundlegende Kommunikation. Dies ist eine unverzichtbare Reihe von Sätzen um zu "überleben", während Sie im Ausland sind.

Dieser Sprachführer wird Ihnen in den meisten Fällen helfen, in denen Sie etwas fragen müssen, Richtungsangaben benötigen, wissen wollen wie viel etwas kostet usw. Es kann auch schwierige Kommunikationssituationen lösen, bei denen Gesten einfach nicht hilfreich sind.

Dieses Buch beinhaltet viele Sätze, die nach den wichtigsten Themen gruppiert wurden. Ein separater Teil des Buches bietet auch ein kleines Wörterbuch mit mehr als 1.500 wichtigen und nützlichen Wörtern. Das Wörterbuch beinhaltet eine praktische Transkription jedes Fremdworts.

Nehmen Sie den "Alles wird gut" Sprachführer mit Ihnen auf die Reise und Sie werden einen unersetzlichen Begleiter haben, der Ihnen helfen wird, Ihren Weg aus jeder Situation zu finden und Ihnen beibringen wird keine Angst beim Sprechen mit Ausländern zu haben.

INHALTSVERZEICHNIS

T&P Books Publishing

Reisesprachführersammlung
"Alles wird gut!"

T&P Books Publishing

SPRACHFÜHRER

HINDI

Die nützlichsten Wörter und Sätze

Dieser Sprachführer beinhaltet die häufigsten Sätze und Fragen, die für die grundlegende Kommunikation mit Ausländern benötigt wird

Andrey Taranov

T&P BOOKS

Sprachführer + Wörterbuch mit 1500 Wörtern

Sprachführer Deutsch-Hindi und Kompaktwörterbuch mit 1500 Wörtern

Von Andrey Taranov

Die Sammlung "Alles wird gut!" von T&P Books ist für Menschen, die für Tourismus und Geschäftsreisen ins Ausland reisen. Die Sprachführer beinhalten, was am wichtigsten ist - die Grundlagen für eine grundlegende Kommunikation. Dies ist eine unverzichtbare Reihe von Sätzen um zu "überleben", während Sie im Ausland sind.

Ein weiterer Teil des Buches bietet auch ein kleines Wörterbuch mit über 1.500 alphabetisch angeordneten, nützlichen Wörtern. Das Wörterbuch beinhaltet viele gastronomische Begriffe und wird Ihnen hilfreich bei der Bestellung von Essen in einem Restaurant oder beim Kauf von Lebensmitteln im Lebensmittelgeschäft sein.

T&P Books Publishing
www.tpbooks.com

ISBN: 978-1-78616-811-5

Dieses Buch ist auch im E-Book Format erhältlich.
Besuchen Sie uns auch auf www.tpbooks.com oder auf einer der bedeutenden Buchhandlungen online.

AUSSPRACHE

Buchstabe	Hindi Beispiel	T&P phonetisches Alphabet	Deutsch Beispiel

Vokale

Buchstabe	Hindi Beispiel	T&P phonetisches Alphabet	Deutsch Beispiel
अ	अक्सर	[a]; [ɑ], [ə]	schwarz; halte
आ	आगमन	[a:]	Zahlwort
इ	इनाम	[i]	ihr, finden
ई	ईश्वर	[i], [i:]	Wieviel
उ	उठना	[ʊ]	dumm
ऊ	ऊपर	[u:]	Zufall
ऋ	ऋग्वेद	[r, rʲ]	Kristall
ए	एकता	[e:]	Wildleder
ऐ	ऐनक	[aj]	Reihe
ओ	ओला	[o:]	groß
औ	औरत	[au]	Knoblauch
अं	अंजीर	[ŋ]	Känguru
अः	अ से अः	[h]	brauchbar
ऑ	ऑफिस	[ɒ]	provozieren

Konsonanten

Buchstabe	Hindi Beispiel	T&P phonetisches Alphabet	Deutsch Beispiel
क	कमरा	[k]	Kalender
ख	खिड़की	[kh]	Flughafen
ग	गरज	[g]	gelb
घ	घर	[gh]	aspiriertes [g]
ङ	डाकू	[ŋ]	Känguru
च	चक्कर	[ʧ]	Matsch
छ	छात्र	[ʧh]	aspiriert [tsch]
ज	जाना	[ʤ]	Kambodscha
झ	झलक	[ʤ]	Kambodscha
ञ	विज्ञान	[n]	Champagner
ट	मटर	[t]	still
ठ	ठेका	[th]	Mädchen
ड	डंडा	[d]	Detektiv
ढ	ढलान	[d]	Detektiv
ण	क्षण	[n]	Ein stimmhafter retroflexer Nasal
त	ताकत	[t]	still

Buchstabe	Hindi Beispiel	T&P phonetisches Alphabet	Deutsch Beispiel
थ	थकना	[th]	Mädchen
द	दरवाज़ा	[d]	Detektiv
ध	धोना	[d]	Detektiv
न	नाई	[n]	Vorhang
प	पिता	[p]	Polizei
फ	फल	[f]	fünf
ब	बच्चा	[b]	Brille
भ	भाई	[b]	Brille
म	माता	[m]	Mitte
य	याद	[j]	Jacke
र	रीछ	[r]	richtig
ल	लाल	[l]	Juli
व	वचन	[v]	November
श	शिक्षक	[ʃ]	Chance
ष	भाषा	[ʃ]	Chance
स	सोना	[s]	sein
ह	हज़ार	[h]	brauchbar

Zusätzliche Konsonanten

क़	क़लम	[q]	Kobra
ख़	ख़बर	[h]	brauchbar
ड़	लड़का	[r]	richtig
ढ़	पढ़ना	[r]	richtig
ग़	ग़लती	[ɣ]	Vogel (Berlinerisch)
ज़	ज़िन्दगी	[z]	sein
ॼ	ट्रैक्टर	[ʒ]	Regisseur
फ़	फ़ौज	[f]	fünf

LISTE DER ABKÜRZUNGEN

Deutsch. Abkürzungen

Adj	-	Adjektiv
Adv	-	Adverb
Amtsspr.	-	Amtssprache
f	-	Femininum
f, n	-	Femininum, Neutrum
Fem.	-	Femininum
m	-	Maskulinum
m, f	-	Maskulinum, Femininum
m, n	-	Maskulinum, Neutrum
Mask.	-	Maskulinum
n	-	Neutrum
pl	-	Plural
Sg.	-	Singular
ugs.	-	umgangssprachlich
unzähl.	-	unzählbar
usw.	-	und so weiter
v mod	-	Modalverb
vi	-	intransitives Verb
vi, vt	-	intransitives, transitives Verb
vt	-	transitives Verb
zähl.	-	zählbar
z.B.	-	zum Beispiel

Hindi. Abkürzungen

f	-	Femininum
f pl	-	Femininum plural
m	-	Maskulinum
m pl	-	Maskulinum plural

T&P BOOKS

HINDI
SPRACHFÜHRER

Dieser Teil beinhaltet
wichtige Sätze, die sich in
verschiedenen realen
Situationen als nützlich
erweisen können.
Der Sprachführer wird Ihnen
dabei helfen nach dem Weg
zu fragen, einen Preis
zu klären, Tickets zu kaufen
und Essen in einem
Restaurant zu bestellen.

T&P Books Publishing

INHALT SPRACHFÜHRER

T&P Books Publishing

Entschuldigen Sie bitte, …	माफ़ कीजिएगा, … māf kījiega, …
Hallo.	नमस्कार। namaskār.
Danke.	शुक्रिया। shukriya.
Auf Wiedersehen.	अलविदा। alavida.
Ja.	हाँ। hān.
Nein.	नहीं। nahin.
Ich weiß nicht.	मुझे नहीं मालूम। mujhe nahin mālūm.
Wo? | Wohin? | Wann?	कहाँ? | कहाँ जाना है? | कब? kahān? | kahān jāna hai? | kab?
Ich brauche …	मुझे … चाहिए। mujhe … chāhie.
Ich möchte …	मैं … चाहता /चाहती/ हूँ। main … chāhata /chāhatī/ hūn.
Haben Sie …?	क्या आपके पास … है? kya āpake pās … hai?
Gibt es hier …?	क्या यहाँ … है? kya yahān … hai?
Kann ich …?	क्या मैं … सकता /सकती/ हूँ? kya main … sakata /sakatī/ hūn?
Bitte (anfragen)	…, कृपया। …, krpaya.
Ich suche …	मैं … ढूँढ रहा /रही/ हूँ। main … dhūnrh raha /rahī/ hūn.
die Toilette	शौचालय shauchālay
den Geldautomat	एटीएम etīem
die Apotheke	दवा की दुकान dava kī dūkān
das Krankenhaus	अस्पताल aspatāl
die Polizeistation	पुलिस थाना pulis thāna
die U-Bahn	मेट्रो metro

das Taxi	टैक्सी taiksī
den Bahnhof	ट्रेन स्टेशन tren steshan

Ich heiße …	मेरा नाम … है mera nām … hai
Wie heißen Sie?	आपका क्या नाम है? āpaka kya nām hai?
Helfen Sie mir bitte.	क्या आप मेरी मदद कर सकते /सकती/ हैं? kya āp merī madad kar sakate /sakatī/ hain?
Ich habe ein Problem.	मुझे एक परेशानी है mujhe ek pareshānī hai.
Mir ist schlecht.	मेरी तबियत ठीक नहीं है merī tabiyat thīk nahin hai.
Rufen Sie einen Krankenwagen!	एम्बुलेन्स बुलाओ! embulens bulao!
Darf ich telefonieren?	क्या मैं एक फ़ोन कर सकता /सकती/ हूँ? kya main ek fon kar sakata /sakatī/ hūn?

Entschuldigung.	मुझे माफ़ करना mujhe māf kar do.
Keine Ursache.	आपका स्वागत है āpaka svāgat hai.

ich	मैं main
du	तू tu
er	वह vah
sie	वह vah
sie (Pl, Mask.)	वे ve
sie (Pl, Fem.)	वे ve
wir	हम ham
ihr	तुम tum
Sie	आप āp

EINGANG	प्रवेश pravesh
AUSGANG	निकास nikās

AUßER BETRIEB	ख़राब है kharāb hai
GESCHLOSSEN	बंद band
OFFEN	खुला khula
FÜR DAMEN	महिलाओं के लिए mahilaon ke lie
FÜR HERREN	पुरूषों के लिए purūshon ke lie

Fragen

Wo?	कहाँ?
	kahān?
Wohin?	कहाँ जाना है?
	kahān jāna hai?
Woher?	कहाँ से?
	kahān se?
Warum?	क्यों?
	kyon?
Wozu?	किस वजह से?
	kis vajah se?
Wann?	कब?
	kab?

Wie lange?	कितना समय लगेगा?
	kitana samay lagega?
Um wie viel Uhr?	कितने बजे?
	kitane baje?
Wie viel?	कितना?
	kitana?
Haben Sie …?	क्या आपके पास … है?
	kya āpake pās … hai?
Wo befindet sich …?	… कहाँ है?
	… kahān hai?

Wie spät ist es?	क्या बजा है?
	kya baja hai?
Darf ich telefonieren?	क्या मैं एक फ़ोन कर सकता /सकती/ हूँ?
	kya main ek fon kar sakata /sakatī/ hūn?
Wer ist da?	कौन है?
	kaun hai?
Darf ich hier rauchen?	क्या मैं यहाँ सिगरेट पी सकता /सकती/ हूँ?
	kya main yahān sigaret pī sakata /sakatī/ hūn?
Darf ich …?	क्या मैं … सकता /सकती/ हूँ?
	kya main … sakata /sakatī/ hūn?

Bedürfnisse

Ich hätte gerne …
मुझे ... चाहिए।
mujhe ... chāhie.

Ich will nicht …
मुझे ... नहीं चाहिए।
mujhe ... nahin chāhie.

Ich habe Durst.
मुझे प्यास लगी है।
mujhe pyās lagī hai.

Ich möchte schlafen.
मैं सोना चाहता /चाहती/ हूँ।
main sona chāhata /chāhatī/ hūn.

Ich möchte …
मैं ... चाहता /चाहती/ हूँ।
main ... chāhata /chāhatī/ hūn.

abwaschen
हाथ-मुँह धोना
hāth-munh dhona

mir die Zähne putzen
दाँत ब्रश करना
dānt brash karana

eine Weile ausruhen
कुछ समय आराम करना
kuchh samay ārām karana

meine Kleidung wechseln
कपड़े बदलना
kapare badalana

zurück ins Hotel gehen
होटल वापस जाना
hotal vāpas jāna

kaufen …
... खरीदना
... kharīdana

gehen …
... जाना
... jāna

besuchen …
... जाना
... jāna

treffen …
... से मिलने जाना
... se milane jāna

einen Anruf tätigen
फ़ोन करना
fon karana

Ich bin müde.
मैं थक गया /गई/ हूँ।
main thak gaya /gaī/ hūn.

Wir sind müde.
हम थक गए हैं।
ham thak gae hain.

Mir ist kalt.
मुझे सर्दी लग रही है।
mujhe sardī lag rahī hai.

Mir ist heiß.
मुझे गर्मी लग रही है।
mujhe garmī lag rahī hai.

Mir passt es.
मैं ठीक हूँ।
main thīk hūn.

Ich muss telefonieren.   मुझे फ़ोन करना है।
mujhe fon karana hai.

Ich muss auf die Toilette.   मुझे शौचालय जाना है।
mujhe shauchālay jāna hai.

Ich muss gehen.   मुझे जाना है।
mujhe jāna hoga.

Ich muss jetzt gehen.   मुझे अब जाना होगा।
mujhe ab jāna hoga.

Wie man nach dem Weg fragt

Entschuldigen Sie bitte, …	माफ़ कीजिएगा, … māf kījiega, ...
Wo befindet sich …?	… कहाँ है? … kahān hai?
Welcher Weg ist …?	… कहाँ पड़ेगा? ... kahān parega?
Könnten Sie mir bitte helfen?	क्या आप मेरी मदद करेंगे /करेंगी/, प्लीज़? kya āp merī madad karenge /karengī/, plīz?
Ich suche …	मैं … ढूंढ रहा /रही/ हूँ। main ... dhūnrh raha /rahī/ hūn.
Ich suche den Ausgang.	मैं बाहर निकलने का रास्ता ढूंढ रहा /रही/ हूँ। main bāhar nikalane ka rāsta dhūnrh raha /rahī/ hūn.
Ich fahre nach …	मैं … जा रहा /रही/ हूँ। main ... ja raha /rahī/ hūn.
Gehe ich richtig nach …?	क्या मैं …जाने के लिए सही रास्ते पर हूँ? kya main ... jāne ke lie sahī rāste par hūn?
Ist es weit?	क्या वह दूर है? kya vah dūr hai?
Kann ich dort zu Fuß hingehen?	क्या मैं वहाँ पैदल जा सकता /सकती/ हूँ? kya main vahān paidal ja sakata /sakatī/ hūn?
Können Sie es mir auf der Karte zeigen?	क्या आप मुझे नक्शे पर दिखा सकते /सकती/ हैं? kya āp mujhe nakshe par dikha sakate /sakatī/ hain?
Zeigen Sie mir wo wir gerade sind.	मुझे दिखाईये कि हम इस वक्त कहाँ हैं। mujhe dikhaīye ki ham is vakt kahān hain.
Hier	यहाँ yahān
Dort	वहाँ vahān
Hierher	इस तरफ़ is taraf

Biegen Sie rechts ab.

दायें मुड़ें।
dāyen muren.

Biegen Sie links ab.

बायें मुड़ें।
bāyen muren.

erste (zweite, dritte) Abzweigung

पहला (दूसरा, तीसरा) मोड़
pahala (dūsara, tīsara) mor

nach rechts

दाईं ओर
daīn or

nach links

बाईं ओर
baīn or

Laufen Sie geradeaus.

सीधे जाएं।
sīdhe jaen.

Schilder

HERZLICH WILLKOMMEN!	स्वागत! svāgat!
EINGANG	प्रवेश pravesh
AUSGANG	निकास nikās

DRÜCKEN	पुश, धकेलिए push, dhakelie
ZIEHEN	पुल, खींचिए pul, khīnchie
OFFEN	खुला khula
GESCHLOSSEN	बंद band

FÜR DAMEN	महिलाओं के लिए mahilaon ke lie
FÜR HERREN	पुरूषों के लिए purūshon ke lie
HERREN-WC	पुरूष purūsh
DAMEN-WC	महिलाएं mahilaen

RABATT | REDUZIERT	छूट chhūt
AUSVERKAUF	सेल sel
GRATIS	मुफ्त muft
NEU!	नया! naya!
ACHTUNG!	ध्यान दें! dhyān den!

KEINE ZIMMER FREI	कोई कमरा खाली नहीं है koī naukarī nahin hai
RESERVIERT	रिज़र्वड rizarvad
VERWALTUNG	प्रबंधन prabandhan
NUR FÜR PERSONAL	केवल स्टाफ़ keval stāf

BISSIGER HUND	कुत्ते से बचकर रहें! kutte se bachakar rahen!
RAUCHEN VERBOTEN!	नो स्मोकिंग! no smoking!
NICHT ANFASSEN!	हाथ न लगाएं! hāth na lagaen!
GEFÄHRLICH	खतरनाक khataranāk
GEFAHR	खतरा khatara
HOCHSPANNUNG	हाई वोल्टेज haī voltej
BADEN VERBOTEN	स्वीमिंग की अनुमति नहीं है! svīming kī anumati nahin hai!

AUßER BETRIEB	ख़राब है kharāb hai
LEICHTENTZÜNDLICH	ज्वलनशील jvalanashīl
VERBOTEN	मनाही manāhī
DURCHGANG VERBOTEN	प्रवेश निषेध! yahān āne kī sakht manāhī hai!
FRISCH GESTRICHEN	गीला पेंट gīla pent

WEGEN RENOVIERUNG GESCHLOSSEN	मरम्मत के लिए बंद marammat ke lie band
ACHTUNG BAUARBEITEN	आगे कार्य प्रगित पर है āge kāry pragit par hai
UMLEITUNG	डीटूर dītūr

Transport - Allgemeine Phrasen

Flugzeug	हवाई जहाज़ havaī jahāz
Zug	रेलगाड़ी, ट्रेन relagārī, tren
Bus	बस bas
Fähre	फेरी ferī
Taxi	टैक्सी taiksī
Auto	कार kār
Zeitplan	शिड्यूल shidyūl
Wo kann ich den Zeitplan sehen?	मैं शिड्यूल कहां देख सकता /सकती/ हूं? main shidyūl kahān dekh sakata /sakatī/ hūn?
Arbeitstage	कार्यदिवस kāryadivas
Wochenenden	सप्ताहांत saptāhānt
Ferien	छुट्टियां chhuttiyān
ABFLUG	प्रस्थान prasthān
ANKUNFT	आगमन āgaman
VERSPÄTET	देरी derī
GESTRICHEN	रद्द radd
nächste (Zug, usw.)	अगला agala
erste	पहला pahala
letzte	अंतिम antim

Wann kommt der Nächste …?

अगला ... कब है?
agala ... kab hai?

Wann kommt der Erste …?

पहला ... कब है?
pahala ... kab hai?

Wann kommt der Letzte …?

अंतिम ... कब है?
antim ... kab hai?

Transfer

ट्रेन बदलना
tren badalana

einen Transfer machen

ट्रेन कैसे बदलें
tren kaise badalen

Muss ich einen Transfer machen?

क्या मुझे ट्रेन बदलनी पड़गी?
kya mujhe tren badalanī paragī?

Eine Fahrkarte kaufen

Wo kann ich Fahrkarten kaufen?	मैं टिकटें कुहाँ खरीद सकता /सकती/ हूँ? main tikaten kahān kharīd sakata /sakatī/ hūn?
Fahrkarte	टिकट tikat
Eine Fahrkarte kaufen	टिकट खरीदना tikat kharīdana
Fahrkartenpreis	टिकट का दाम tikat ka dām
Wohin?	कहाँ जाना है? kahān jāna hai?
Welche Station?	कौन-से स्टेशन के लिए? kaun-se steshan ke lie?
Ich brauche …	मुझे … चाहिए। mujhe … chāhie.
eine Fahrkarte	एक टिकट ek tikat
zwei Fahrkarten	दो टिकट do tikat
drei Fahrkarten	तीन टिकट tīn tikat
in eine Richtung	एक तरफ़ ek taraf
hin und zurück	राउंड ट्रिप raund trip
erste Klasse	फर्स्ट क्लास farst klās
zweite Klasse	सेकेंड क्लास sekend klās
heute	आज āj
morgen	कल kal
übermorgen	कल के बाद वाला दिन kal ke bād vāla din
am Vormittag	सुबह में subah men
am Nachmittag	दोपहर में dopahar men
am Abend	शाम में shām men

Gangplatz

आयल सीट
āyal sīt

Fensterplatz

खिड़की वाली सीट
khirakī vālī sīt

Wie viel?

कितना?
kitana?

Kann ich mit Karte zahlen?

क्या मैं क्रेडिट कार्ड से पे कर
सकता /सकती/ हूँ?
kya main kredit kārd se pe kar
sakata /sakatī/ hūn?

Bus

Bus	बस bas
Fernbus	अंतरराज्यीय बस antararājyīy bas
Bushaltestelle	बस-स्टॉप bas-stop
Wo ist die nächste Bushaltestelle?	सबसे करीबी बस-स्टॉप कहाँ है? sabase karībī bas-stop kahān hai?

Nummer	नंबर nambar
Welchen Bus nehme ich um nach ... zu kommen?	... जाने के लिए कौन-सी बस लेनी होगी? ... jāne ke lie kaun-sī bas lenī hogī?
Fährt dieser Bus nach ...?	क्या यह बस ... जाती है? kya yah bas ... jātī hai?
Wie oft fahren die Busse?	बसें कितनी जल्दी-जल्दी आती हैं? basen kitanī jaldī-jaldī ātī hain?

alle fünfzehn Minuten	हर पंद्रह मिनट har pandrah minat
jede halbe Stunde	हर आधा घंटा har ādha ghanta
jede Stunde	हर घंटा har ghanta
mehrmals täglich	दिन में कई बार din men kaī bār
... Mal am Tag	दिन में ... बार din men ... bār

Zeitplan	शिड्यूल shidyūl
Wo kann ich den Zeitplan sehen?	मैं शिड्यूल कहाँ देख सकता /सकती/ हूँ? main shidyūl kahān dekh sakata /sakatī/ hūn?
Wann kommt der nächste Bus?	अगली बस कब है? agalī bas kab hai?
Wann kommt der erste Bus?	पहली बस कब है? pahalī bas kab hai?
Wann kommt der letzte Bus?	आखिरी बस कब है? ākhirī bas kab hai?

Halt	स्टॉप
	stop
Nächster Halt	अगला स्टॉप
	agala stop
Letzter Halt	आखिरी स्टॉप
	ākhirī stop
Halten Sie hier bitte an.	रोक दें, प्लीज़।
	yahān roken, plīz.
Entschuldigen Sie mich,	माफ़ कीजिएगा, यह मेरा स्टॉप है।
dies ist meine Haltestelle.	māf kījiega, yah mera stop hai.

Zug

Zug	रेलगाड़ी, ट्रेन relagāṛī, tren
S-Bahn	लोकल ट्रेन lokal tren
Fernzug	लंबी दूरी की ट्रेन lambī dūrī kī tren
Bahnhof	ट्रेन स्टेशन tren steshan
Entschuldigen Sie bitte, wo ist der Ausgang zum Bahngleis?	माफ़ कीजिएगा, प्लेटफ़ॉर्म से निकलने का रास्ता कहाँ है? māf kījiega, pletaform se nikalane ka rāsta kahān hai?

Fährt dieser Zug nach …?	क्या यह ट्रेन … जाती है? kya yah tren … jātī hai?
nächste Zug	अगली ट्रेन agalī tren
Wann kommt der nächste Zug?	अगली ट्रेन कब है? agalī tren kab hai?
Wo kann ich den Zeitplan sehen?	मैं शिड्यूल कहाँ देख सकता /सकती/ हूँ? main shidyūl kahān dekh sakata /sakatī/ hūn?
Von welchem Bahngleis?	कौन-से प्लेटफ़ॉर्म से? kaun-se pletaform se?
Wann kommt der Zug in … an?	… में ट्रेन कब पहुंचती है? … men tren kab pahunchatī hai?

Helfen Sie mir bitte.	कृपया मेरी मदद करें| kŕpaya merī madad karen.
Ich suche meinen Platz.	मैं अपनी सीट ढूंढ रहा /रही/ हूँ| main apanī sīt dhūnṛh raha /rahī/ hūn.
Wir suchen unsere Plätze.	हम अपनी सीट ढूंढ रहे हैं| ham apanī sīt dhūnṛh rahe hain.

Unser Platz ist besetzt.	मेरी सीट पर कोई और बैठा है| merī sīt par koī aur baitha hai.
Unsere Plätze sind besetzt.	हमारी सीटों पर कोई और बैठा है| hamārī sīton par koī aur baitha hai.
Entschuldigen Sie, aber das ist mein Platz.	माफ़ कीजिएगा, लेकिन यह मेरी सीट है| māf kījiega, lekin yah merī sīt hai.

Ist der Platz frei?

क्या इस सीट पर कोई बैठा है?
kya is sīt par koī baitha hai?

Darf ich mich hier setzen?

क्या मैं यहाँ बैठ सकता
/सकती/ हूँ?
kya main yahān baith sakata
/sakatī/ hūn?

Im Zug - Dialog (Keine Fahrkarte)

Fahrkarte bitte.

टिकट, कृपया।
tikat, krpāya.

Ich habe keine Fahrkarte.

मेरे पास टिकट नहीं है।
mere pās tikat nahin hai.

Ich habe meine Fahrkarte verloren.

मेरा टिकट खो गया।
mera tikat kho gaya.

Ich habe meine Fahrkarte
zuhause vergessen.

मैं अपना टिकट घर पर भूल
गया /गई/।
main apana tikat ghar par bhūl
gaya /gaī/.

Sie können von mir
eine Fahrkarte kaufen.

आप मुझे एक टिकट दे दें।
āp mujhe ek tikat de den.

Sie werden auch eine Strafe zahlen.

आपको फाइन भी भरना होगा।
āpako fain bhī bharana hoga.

Gut.

ठीक है।
thīk hai.

Wohin fahren Sie?

आप कहाँ जा रहे /रही/ हैं?
āp kahān ja rahe /rahī/ hain?

Ich fahre nach …

मैं ... जा रहा /रही/ हूँ।
main ... ja raha /rahī/ hūn.

Wie viel? Ich verstehe nicht.

कितना? मैं समझी /समझी/ नहीं।
kitana? main samajhī /samajhī/ nahin.

Schreiben Sie es bitte auf.

इसे लिख दीजिए, प्लीज़।
ise likh dījie, plīz.

Gut. Kann ich mit Karte zahlen?

ठीक है। क्या मैं क्रेडिट कार्ड से पे
कर सकता /सकती/ हूँ?
thīk hai. kya main kredit kārd se pe
kar sakata /sakatī/ hūn?

Ja, das können Sie.

हाँ, आप कर सकते हैं।
hān, āp kar sakate hain.

Hier ist ihre Quittung.

यह रही आपकी रसीद।
yah rahī āpakī rasīd.

Tut mir leid wegen der Strafe.

फाइन के बारे में माफ़ कीजिएगा।
fain ke bāre men māf kījiega.

Das ist in Ordnung. Es ist meine Schuld.

कोई बात नहीं। वह मेरी गलती थी।
koī bāt nahin. vah merī galatī thī.

Genießen Sie Ihre Fahrt.

अपनी यात्रा का आनंद लें।
apanī yātra ka ānand len.

Taxi

Taxi	टैक्सी taiksī
Taxifahrer	टैक्सी चलाने वाला taiksī chalāne vāla
Ein Taxi nehmen	टैक्सी पकड़ना taiksī pakarana
Taxistand	टैक्सी स्टैंड taiksī staind
Wo kann ich ein Taxi bekommen?	मुझे टैक्सी कहां मिलेगी? mujhe taiksī kahān milegī?
Ein Taxi rufen	टैक्सी बुलाना taiksī bulāna
Ich brauche ein Taxi.	मुझे टैक्सी चाहिए। mujhe taiksī chāhie.
Jetzt sofort.	अभी। abhī.
Wie ist Ihre Adresse? (Standort)	आपका पता क्या है? āpaka pata kya hai?
Meine Adresse ist …	मेरा पता है … mera pata hai …
Ihr Ziel?	आपको कहाँ जाना है? āpako kahān jāna hai?

Entschuldigen Sie bitte, …	माफ़ कीजिएगा, … māf kījiega, …
Sind Sie frei?	क्या टैक्सी खाली है? kya taiksī khālī hai?
Was kostet die Fahrt nach …?	… जाने के लिए कितना लगेगा? … jāne ke lie kitana lagega?
Wissen Sie wo es ist?	क्या आपको पता है वह कहाँ है? kya āpako pata hai vah kahān hai?

Flughafen, bitte.	एयरपोर्ट, प्लीज़। eyaraport, plīz.
Halten Sie hier bitte an.	यहाँ रोकें, प्लीज़। rok den, plīz.
Das ist nicht hier.	यहाँ नहीं है। yahān nahin hai.
Das ist die falsche Adresse.	यह गलत पता है। yah galat pata hai.
nach links	बायें मुड़ें। bāyen muren.
nach rechts	दायें मुड़ें। dāyen muren.

Was schulde ich Ihnen?

मुझे आपको कितने पैसे देने हैं?
mujhe āpako kitane paise dene hain?

Ich würde gerne
ein Quittung haben, bitte.

मैं एक रसीद चाहिए, प्लीज़।
main ek rasīd chāhie, plīz.

Stimmt so.

छुट्टे रख लें।
chhutte rakh len.

Warten Sie auf mich bitte

क्या आप मेरा इंतज़ार /करेंगे/ करेंगी?
kya āp mera intazār /karenge/ karengī?

fünf Minuten

पाँच मिनट
pānch minat

zehn Minuten

दस मिनट
das minat

fünfzehn Minuten

पंद्रह मिनट
pandrah minat

zwanzig Minuten

बीस मिनट
bīs minat

eine halbe Stunde

आधा घंटा
ādhe ghante

Hotel

Guten Tag.
नमस्कार।
namaskār.

Mein Name ist …
मेरा नाम ... है
mera nām ... hai

Ich habe eine Reservierung.
मैंने बुकिंग की थी।
mainne buking kī thī.

Ich brauche …
मुझे ... चाहिए।
mujhe ... chāhie.

ein Einzelzimmer
एक सिंगल कमरा
ek singal kamara

ein Doppelzimmer
एक डबल कमरा
ek dabal kamara

Wie viel kostet das?
यह कितने का है?
yah kitane ka hai?

Das ist ein bisschen teuer.
यह थोड़ा महंगा है।
yah thora mahanga hai.

Haben Sie sonst noch etwas?
क्या आपके पास कुछ और है?
kya āpake pās kuchh aur hai?

Ich nehme es.
मैं यह ले लूँगा /लूँगी/।
main yah le lūnga /lūngī/.

Ich zahle bar.
मैं नकद दूंगा /दूँगी/।
main nakad dūnga /dūngī/.

Ich habe ein Problem.
मुझे एक परेशानी है।
mujhe ek pareshānī hai.

Mein … ist kaputt.
मेरा ... टूटा हुआ है।
mera ... tūta hua hai.

Mein … ist außer Betrieb.
मेरा ... ख़राब है।
mera ... kharāb hai.

Fernseher
टीवी
tīvī

Klimaanlage
एयरकंडिशनर
eyarakandishanar

Wasserhahn
नल
nal

Dusche
शॉवर
shovar

Waschbecken
बेसिन
besin

Safe
तिजोरी
tijorī

Türschloss	दरवाज़े का ताला daravāze ka tāla
Steckdose	सॉकेट soket
Föhn	हेयर ड्रायर heyar drāyar

Ich habe kein …	… नहीं है … nahin hai
Wasser	पानी pānī
Licht	लाइट lait
Strom	बिजली bijalī

Können Sie mir … geben?	… दे सकते /सकती/ हैं? de sakate /sakatī/ hain?
ein Handtuch	तौलिया tauliya
eine Decke	कम्बल kambal
Hausschuhe	चप्पल chappal
einen Bademantel	रोब rob
etwas Shampoo	शैम्पू shaimpū
etwas Seife	साबुन sābun

Ich möchte ein anderes Zimmer haben.	मुझे अपना कमरा बदलना है। mujhe apana kamara badalana hai.
Ich kann meinen Schlüssel nicht finden.	मुझे चाबी नहीं मिल रही है। mujhe chābī nahin mil rahī hai.
Machen Sie bitte meine Tür auf	क्या आप मेरा कमरा खोल सकते /सकती/ हैं? kya āp mera kamara khol sakate /sakatī/ hain?
Wer ist da?	कौन है? kaun hai?
Kommen Sie rein!	अंदर आ जाओ! andar ā jao!
Einen Moment bitte!	एक मिनट! ek minat!

Nicht jetzt bitte.	अभी नहीं, प्लीज़। abhī nahin, plīz.
Kommen Sie bitte in mein Zimmer.	कृपया मेरे कमरे में आईये। kṛpaya mere kamare men āīye.

Ich würde gerne Essen bestellen.	मैं फ़ुड सर्विस ऑर्डर करना चाहता /चाहती/ हूँ। main fūd sarvis ordar karana chāhata /chāhatī/ hūn.
Meine Zimmernummer ist …	मेरा कमरा नंबर है … mera kamara nambar hai …
Ich reise … ab.	मैं … जा रहा /रही/ हूँ। main … ja raha /rahī/ hūn.
Wir reisen … ab.	हम … जा रहे हैं। ham … ja rahe hain.
jetzt	अभी abhī
diesen Nachmittag	आज दोपहर āj dopahar
heute Abend	आज रात āj rāt
morgen	कल kal
morgen früh	कल सुबह kal subah
morgen Abend	कल शाम kal shām
übermorgen	कल के बाद वाला दिन kal ke bād vāla din
Ich möchte die Zimmerrechnung begleichen.	मैं भुगतान करना चाहता /चाहती/ हूँ। main bhugatān karana chāhata /chāhatī/ hūn.
Alles war wunderbar.	सब कुछ बहुत अच्छा था। sab kuchh bahut achchha tha.
Wo kann ich ein Taxi bekommen?	मुझे टैक्सी कहां मिलेगी? mujhe taiksī kahān milegī?
Würden Sie bitte ein Taxi für mich holen?	क्या आप मेरे लिए एक टैक्सी बुला देंगे /देंगी/? kya āp mere lie ek taiksī bula denge /dengī/?

Restaurant

Könnte ich die Speisekarte sehen bitte?	क्या आप अपना मेनू दिखा सकते हैं, प्लीज़? kya āp apana menū dikha sakate hain, plīz?
Tisch für einen.	एक के लिए टेबल। ek ke lie tebal.
Wir sind zu zweit (dritt, viert).	हम दो (तीन, चार) लोग हैं। ham do (tīn, chār) log hain.

Raucher	स्मोकिंग smoking
Nichtraucher	नो स्मोकिंग no smoking
Entschuldigen Sie mich! (Einen Kellner ansprechen)	एक्सक्यूज़ मी! eksakyūz mī!
Speisekarte	मेनू menū
Weinkarte	वाइन सूची vain sūchī
Die Speisekarte bitte.	मेनू ले आईये प्लीज़। menū le āīye plīz.

Sind Sie bereit zum bestellen?	क्या आप ऑर्डर करने के लिए तैयार हैं? kya āp ordar karane ke lie taiyār hain?
Was würden Sie gerne haben?	आप क्या लेना चाहेंगी /चाहेंगी/? āp kya lena chāhengī /chāhengī/?
Ich möchte …	मेरे लिए ... ले आईए। mere lie ... le āīe.

Ich bin Vegetarier.	मैं शाकाहारी हूँ। main shākāhārī hūn.
Fleisch	माँस māns
Fisch	मछली machhalī
Gemüse	सब्जियाँ sabziyān
Haben Sie vegetarisches Essen?	क्या आपके पास शाकाहारी पकवान हैं? kya āpake pās shākāhārī pakavān hain?
Ich esse kein Schweinefleisch.	मैं सूअर का गोश्त नहीं खाता /खाती/ हूँ। main sūar ka gosht nahin khāta /khātī/ hūn.

Er /Sie/ isst kein Fleisch.

वह माँस नहीं खाता /खाती/ है।
vah māns nahin khāta /khātī/ hai.

Ich bin allergisch auf …

मुझे ... से अलर्जी है।
mujhe ... se alarjī hai.

Könnten Sie mir bitte … Bringen.

क्या आप मेरे लिए ... ले आएंगे प्लीज़
kya āp mere lie ... le āenge plīz

Salz | Pfeffer | Zucker

नमक । काली मिर्च । चीनी
namak | kālī mirch | chīnī

Kaffee | Tee | Nachtisch

कॉफ़ी । चाय । मीठा
kofī | chāy | mītha

Wasser | Sprudel | stilles

पानी । बुदबुदाने वाला पानी । सादा
pānī | budabudāne vāla pānī | sāda

einen Löffel | eine Gabel | ein Messer

एक चम्मच । काँटा । चाकू
ek chammach | kānta | chākū

einen Teller | eine Serviette

एक प्लेट । नैपकिन
ek plet | naipakin

Guten Appetit!

अपने भोजन का आनंद लें!
apane bhojan ka ānand len!

Noch einen bitte.

एक और चाहिए।
ek aur chāhie.

Es war sehr lecker.

वह अत्यंत स्वादिष्ट था।
vah atyant svādisht tha.

Scheck | Wechselgeld | Trinkgeld

चेक । छुट्टा । टिप
chek | chhutta | tip

Zahlen bitte.

चेक प्लीज़।
chek plīz.

Kann ich mit Karte zahlen?

क्या मैं क्रेडिट कार्ड से पे कर
सकता /सकती/ हूँ
kya main kredit kārd se pe kar sakata
/sakatī/ hūn?

Entschuldigen Sie, hier ist ein Fehler.

माफ़ कीजिएगा, यहाँ कुछ गलती है।
māf kījiega, yahān kuchh galatī hai.

Einkaufen

Kann ich Ihnen behilflich sein?
क्या मैं आपकी मदद कर सकता /सकती/ हूँ?
kya main āpakī madad kar sakata /sakatī/ hūn?

Haben Sie …?
क्या आपके पास … है?
kya āpake pās … hai?

Ich suche …
मैं … ढूंढ रहा /रही/ हूँ|
main … dhūnrh raha /rahī/ hūn.

Ich brauche …
मुझे … चाहिए|
mujhe … chāhie.

Ich möchte nur schauen.
मैं बस देख रहा /रही/ हूँ|
main bas dekh raha /rahī/ hūn.

Wir möchten nur schauen.
हम बस देख रहे हैं|
ham bas dekh rahe hain.

Ich komme später noch einmal zurück.
मैं बाद में वापिस आता /आती/ हूँ|
main bād men vāpis āta /ātī/ hūn.

Wir kommen später vorbei.
हम बाद में वापिस आते हैं|
ham bād men vāpis āte hain.

Rabatt | Ausverkauf
छूट | सेल
chhūt | sel

Zeigen Sie mir bitte …
क्या आप मुझे … दिखाएंगे /दिखाएंगी/|
kya āp mujhe … dikhaenge /dikhaengī/.

Geben Sie mir bitte …
क्या आप मुझे … देंगे /देंगी/|
kya āp mujhe … denge /dengī/.

Kann ich es anprobieren?
क्या मैं इसे पहनकर देख सकता /सकती/ हूँ?
kya main ise pahanakar dekh sakata /sakatī/ hūn?

Entschuldigen Sie bitte, wo ist die Anprobe?
माफ़ कीजिएगा, ट्राय रूम कहाँ है?
māf kījiega, trāy rūm kahān hai?

Welche Farbe mögen Sie?
आपको कौन-सा रंग चाहिए?
āpako kaun-sa rang chāhie?

Größe | Länge
साइज़ | लंबाई
saiz | lambaī

Wie sitzt es?
यह कैसा फिट होता है?
yah kaisa fit hota hai?

Was kostet das?
यह कितने का है?
yah kitane ka hai?

Das ist zu teuer.
यह बहुत महंगा है|
yah bahut mahanga hai.

Ich nehme es.
मैं इसे ले लूँगा /लूँगी/|
main ise le lūnga /lūngī/.

Entschuldigen Sie bitte,
wo ist die Kasse?

माफ़ कीजिएगा, पे कहाँ करना है?
māf kījiega, pe kahān karana hai?

Zahlen Sie Bar oder mit Karte?

क्या आप नक़द में पे करेंगे या
क्रेडिट कार्ड से?
kya āp nakad men pe karenge ya
kredit kārd se?

in Bar | mit Karte

नकद में । क्रेडिट कार्ड से
nakad men | kredit kārd se

Brauchen Sie die Quittung?

क्या आपको रसीद चाहिए?
kya āpako rasīd chāhie?

Ja, bitte.

हाँ, प्लीज़।
hān, plīz.

Nein, es ist ok.

नहीं, ज़रूरत नहीं।
nahin, zarūrat nahin.

Danke. Einen schönen Tag noch!

शुक्रिया। आपका दिन शुभ हो!
shukriya. āpaka din shubh ho!

In der Stadt

Entschuldigen Sie bitte, …	माफ़ कीजिएगा, … māf kījiega, …
Ich suche …	मैं … ढूंढ रहा /रही/ हूँ। main … dhūnrh raha /rahī/ hūn.
die U-Bahn	मेट्रो metro
mein Hotel	अपना होटल apana hotal
das Kino	सिनेमा हॉल sinema hol
den Taxistand	टैक्सी स्टैंड taiksī staind

einen Geldautomat	एटीएम etīem
eine Wechselstube	मुद्रा विनिमय केंद्र fŏran eksachenj ofis
ein Internetcafé	साइबर कैफ़े saibar kaife
die … -Straße	… सड़क … sarak
diesen Ort	यह जगह yah jagah

Wissen Sie, wo … ist?	क्या आपको पता है कि … कहाँ है? kya āpako pata hai ki … kahān hai?
Wie heißt diese Straße?	यह कौन-सी सड़क है? yah kaun-sī sarak hai?
Zeigen Sie mir wo wir gerade sind.	मुझे दिखाईये कि हम इस वक्त कहाँ हैं। mujhe dikhaīye ki ham is vakt kahān hain.
Kann ich dort zu Fuß hingehen?	क्या मैं वहाँ पैदल जा सकता /सकती/ हूँ? kya main vahān paidal ja sakata /sakatī/ hūn?
Haben Sie einen Stadtplan?	क्या आपके पास शहर का नक्शा है? kya āpake pās shahar ka naksha hai?

Was kostet eine Eintrittskarte?	अंदर जाने का टिकट कितने का है? andar jāne ka tikat kitane ka hai?
Darf man hier fotografieren?	क्या मैं यहाँ फोटो खींच सकता /सकती/ हूँ? kya main yāhān foto khīnch sakata /sakatī/ hūn?

Haben Sie offen?

क्या यह जगह खुली है?
kya yah jagah khulī hai?

Wann öffnen Sie?

आप इसे कब खोलते हैं?
āp ise kab kholate hain?

Wann schließen Sie?

आप इसे कब बंद करते हैं?
āp ise kab band karate hain?

Geld

Geld	पैसा paisa
Bargeld	नकद nakad
Papiergeld	पेपर मनी pepar manī
Kleingeld	सिक्के sikke
Scheck | Wechselgeld | Trinkgeld	चेक | छुट्टा | टिप chek | chhutta | tip
Kreditkarte	क्रेडिट कार्ड kredit kārd
Geldbeutel	बटुआ batua
kaufen	खरीदना kharīdana
zahlen	भुगतान करना bhugatān karana
Strafe	फाइन fain
kostenlos	मुफ़्त muft
Wo kann ich ... kaufen?	मैं ... कहा खरीद सकता /सकती/ हूँ? main ... kaha kharīd sakata /sakatī/ hūn?
Ist die Bank jetzt offen?	क्या बैंक इस वक्त खुला होगा? kya baink is vakt khula hoga?
Wann öffnet sie?	वह कब खुलता है? vah kab khulata hai?
Wann schließt sie?	वह कब बंद होता है? vah kab band hota hai?
Wie viel?	कितना? kitana?
Was kostet das?	यह कितने का है? yah kitane ka hai?
Das ist zu teuer.	यह बहुत महंगा है yah bahut mahanga hai.
Entschuldigen Sie bitte, wo ist die Kasse?	माफ़ कीजिएगा, पे कहाँ करना है? māf kījiega, pe kahān karana hai?

Ich möchte zahlen.	चेक, प्लीज़। chek, plīz.
Kann ich mit Karte zahlen?	क्या मैं क्रेडिट कार्ड से पे कर सकता /सकती/ हूँ? kya main kredit kārd se pe kar sakata /sakatī/ hūn?
Gibt es hier einen Geldautomat?	क्या यहाँ पास में एटीएम है? kya yahān pās men etīem hai?
Ich brauche einen Geldautomat.	मैं एटीएम ढूंढ रहा /रही/ हूँ। main etīem dhūnrh raha /rahī/ hūn.
Ich suche eine Wechselstube.	मैं मुद्रा विनिमय केंद्र ढूंढ रहा /रही/ हूँ। main mudra vinimay kendr dhūnrh raha /rahī/ hūn.
Ich möchte … wechseln.	मैं ... बदलना चाहूँगा /चाहूँगी/। main ... badalana chāhūnga /chāhūngī/.
Was ist der Wechselkurs?	एक्सचेंज रेट क्या है? eksachenj ret kya hai?
Brauchen Sie meinen Reisepass?	क्या मुझे पासपोर्ट की ज़रूरत है? kya mujhe pāsaport kī zarūrat hai?

Zeit

Wie spät ist es?	क्या बजा है? kya baja hai?
Wann?	कब? kab?
Um wie viel Uhr?	कितने बजे? kitane baje?
jetzt | später | nach …	अभी | बाद में | … के बाद abhī | bād men | … ke bād
ein Uhr	एक बजे ek baje
Viertel zwei	सवा एक बजे sava ek baje
Ein Uhr dreißig	डेढ़ बजे derh baje
Viertel vor zwei	पौने दो बजे paune do baje
eins | zwei | drei	एक | दो | तीन ek | do | tīn
vier | fünf | sechs	चार | पांच | छह chār | pānch | chhah
sieben | acht | neun	सात | आठ | नौ sāt | āth | nau
zehn | elf | zwölf	दस | ग्यारह | बारह das | gyārah | bārah
in …	… में … men
fünf Minuten	पाँच मिनट pānch minat
zehn Minuten	दस मिनट das minat
fünfzehn Minuten	पंद्रह मिनट pandrah minat
zwanzig Minuten	बीस मिनट bīs minat
einer halben Stunde	आधे घंटे ādha ghanta
einer Stunde	एक घंटे ek ghante

am Vormittag	सुबह में subah men
früh am Morgen	सुबह-सेवरे subah-sevare
diesen Morgen	इस सुबह is subah
morgen früh	कल सुबह kal subah

am Mittag	दोपहर में dopahar men
am Nachmittag	दोपहर में dopahar men
am Abend	शाम में shām men
heute Abend	आज रात āj rāt

in der Nacht	रात को rāt ko
gestern	कल kal
heute	आज āj
morgen	कल kal
übermorgen	कल के बाद वाला दिन kal ke bād vāla din

Welcher Tag ist heute?	आज कौन-सा दिन है? āj kaun-sa din hai?
Es ist …	आज ... है। āj ... hai.
Montag	सोमवार somavār
Dienstag	मंगलवार mangalavār
Mittwoch	बुधवार budhavār

Donnerstag	गुरुवार guruvār
Freitag	शुक्रवार shukravār
Samstag	शनिवार shanivār
Sonntag	रविवार ravivār

Begrüßungen und Vorstellungen

Hallo.	नमस्कार namaskār.
Freut mich, Sie kennen zu lernen.	आपसे मिलकर ख़ुशी हुई। āpase milakar khushī huī.
Ganz meinerseits.	मुझे भी। mujhe bhī.
Darf ich vorstellen? Das ist …	मैं आपको … से मिलाना चाहूँगा /चाहूँगी/। main āpako … se milāna chāhūnga /chāhūngī/.
Sehr angenehm.	आपसे मिलकर अच्छा लगा। āpase milakar achchha laga.

Wie geht es Ihnen?	आप कैसे /कैसी/ हैं? āp kaise /kaisī/ hain?
Ich heiße …	मेरा नाम … है mera nām … hai.
Er heißt …	इसका नाम … है। isaka nām … hai.
Sie heißt …	इसका नाम … है। isaka nām … hai.
Wie heißen Sie?	आपका क्या नाम है? āpaka kya nām hai?
Wie heißt er?	इसका क्या नाम है? isaka kya nām hai?
Wie heißt sie?	इसका क्या नाम है? isaka kya nām hai?

Wie ist Ihr Nachname?	आपका आख़िरी नाम क्या है? āpaka ākhirī nām kya hai?
Sie können mich … nennen.	आप मुझे … बुला सकते /सकती/ हैं। āp mujhe … bula sakate /sakatī/ hain.
Woher kommen Sie?	आप कहाँ से हैं? āp kahān se hain?
Ich komme aus …	मैं … हूँ। main … hūn.
Was machen Sie beruflich?	आप क्या काम करते /करती/ हैं? āp kya kām karate /karatī/ hain?

Wer ist das?	यह कौन है? yah kaun hai?
Wer ist er?	यह कौन है? yah kaun hai?

Wer ist sie?	यह कौन है?
	yah kaun hai?
Wer sind sie?	ये कौन हैं?
	ye kaun hain?

Das ist …	यह … है।
	yah … hai.
mein Freund	मेरा दोस्त
	mera dost
meine Freundin	मेरी सहेली
	merī sahelī
mein Mann	मेरे पति
	mere pati
meine Frau	मेरी पत्नी
	merī patnī

mein Vater	मेरे पिता
	mere pita
meine Mutter	मेरी माँ
	merī mān
mein Bruder	मेरे भाई
	mere bhaī
meine Schwester	मेरी बहन
	merī bahan
mein Sohn	मेरा बेटा
	mera beta
meine Tochter	मेरी बेटी
	merī betī

Das ist unser Sohn.	यह मेरा बेटा है।
	yah mera beta hai.
Das ist unsere Tochter.	यह मेरी बेटी है।
	yah merī betī hai.
Das sind meine Kinder.	ये मेरे बच्चे हैं।
	ye mere bachche hain.
Das sind unsere Kinder.	ये हमारे बच्चे हैं।
	ye hamāre bachche hain.

Verabschiedungen

Auf Wiedersehen!

अलविदा!
alavida!

Tschüss!

बाय!
bāy!

Bis morgen.

कल मिलते हैं।
kal milate hain.

Bis bald.

जल्दी मिलते हैं।
jaldī milate hain.

Bis um sieben.

सात बजे मिलते हैं।
sāt baje milate hain.

Viel Spaß!

मज़े करो!
maze karo!

Wir sprechen später.

बाद में बात करते हैं।
bād men bāt karate hain.

Ich wünsche Ihnen
ein schönes Wochenende.

तुम्हारा ससाहांत शुभ रहे।
tumhāra saptāhānt shubh rahe.

Gute Nacht.

शुभ रात्रि।
shubh rātri.

Es ist Zeit, dass ich gehe.

मेरे जाने का वक्त हो गया है।
mere jāne ka vakt ho gaya hai.

Ich muss gehen.

मुझे जाना होगा।
mujhe jāna hai.

Ich bin gleich wieder da.

मैं अभी वापिस आता /आती/ हूँ।
main abhī vāpis āta /ātī/ hūn.

Es ist schon spät.

देर हो गई है।
der ho gaī hai.

Ich muss früh aufstehen.

मुझे जल्दी उठना है।
mujhe jaldī uthana hai.

Ich reise morgen ab.

मैं कल जाने वाला /वाली/ हूँ।
main kal jāne vāla /vālī/ hūn.

Wir reisen morgen ab.

हम कल जाने वाले हैं।
ham kal jāne vāle hain.

Ich wünsche Ihnen eine gute Reise!

आपकी यात्रा शानदार हो!
āpakī yātra shānadār ho!

Hat mich gefreut, Sie kennen zu lernen.

आपसे मिलकर अच्छा लगा।
āpase milakar achchha laga.

Hat mich gefreut mit Ihnen zu sprechen.

आपसे बातें करके अच्छा लगा।
āpase bāten karake achchha laga.

Danke für alles.

हर चीज़ के लिए शुक्रिया।
har chīz ke lie shukriya.

Ich hatte eine sehr gute Zeit.

मैंने बहुत अच्छा वक्त बिताया।
mainne bahut achchha vakt bitāya.

Wir hatten eine sehr gute Zeit.

हमने बहुत अच्छा वक्त बिताया।
hamane bahut achchha vakt bitāya.

Es war wirklich toll.

बहुत मज़ा आया।
bahut maza āya.

Ich werde Sie vermissen.

मुझे तुम्हारी याद आएगी।
mujhe tumhārī yād āegī.

Wir werden Sie vermissen.

हमें आपकी याद आएगी।
hamen āpakī yād āegī.

Viel Glück!

गुड लक!
gud lak!

Grüßen Sie ...

... को नमस्ते बोलना।
... ko namaste bolana.

Fremdsprache

Ich verstehe nicht.	मुझे समझ नहीं आया। mujhe samajh nahin āya.
Schreiben Sie es bitte auf.	इसे लिख दीजिए, प्लीज़। ise likh dījie, plīz.
Sprechen Sie ...?	क्या आप ... बोलते /बोलती/ हैं? kya āp ... bolate /bolatī/ hain?
Ich spreche ein bisschen ...	मैं थोड़ा-बहुत ... बोल सकता /सकती/ हूँ। main thora-bahut ... bol sakata /sakatī/ hūn.
Englisch	अंग्रेज़ी angrezī
Türkisch	तुर्की turkī
Arabisch	अरबी arabī
Französisch	फ्रांसिसी frānsisī
Deutsch	जर्मन jarman
Italienisch	इतालवी itālavī
Spanisch	स्पेनी spenī
Portugiesisch	पुर्तगाली purtagālī
Chinesisch	चीनी chīnī
Japanisch	जापानी jāpānī
Können Sie das bitte wiederholen.	क्या आप इसे दोहरा सकते हैं kya āp ise dohara sakate hain.
Ich verstehe.	मैं समझ गया /गई/। main samajh gaya /gaī/.
Ich verstehe nicht.	मुझे समझ नहीं आया। mujhe samajh nahin āya.
Sprechen Sie etwas langsamer.	कृपया थोड़ा और धीरे बोलिये। krpaya thora aur dhīre boliye.

Ist das richtig?   क्या यह सही है?
kya yah sahī hai?

Was ist das? (Was bedeutet das?)   यह क्या है?
yah kya hai?

Entschuldigungen

Entschuldigen Sie bitte.	मुझे माफ़ करना। mujhe māf karana.
Es tut mir leid.	मुझे माफ़ कर दो। mujhe māf karana.
Es tut mir sehr leid.	मैं बहुत शर्मिन्दा हूँ। main bahut sharminda hūn.
Es tut mir leid, das ist meine Schuld.	माफ़ करना, यह मेरी गलती है। māf karana, yah merī galatī hai.
Das ist mein Fehler.	मेरी गलती। merī galatī.

Darf ich …?	क्या मैं … सकता /सकती/ हूँ? kya main ... sakata /sakatī/ hūn?
Haben Sie etwas dagegen, wenn ich …?	क्या मैं … सकता /सकती/ हूँ? kya main ... sakata /sakatī/ hūn?
Es ist okay.	कोई बात नहीं। koī bāt nahin.
Alles in Ordnung.	सब कुछ ठीक है। sab kuchh thīk hai.
Machen Sie sich keine Sorgen.	फिक्र मत करो। fikr mat karo.

Einigung

Ja.	हाँ। hān.
Ja, natürlich.	हाँ, बिल्कुल। hān, bilkul.
Ok! (Gut!)	ओके! बढ़िया! oke! barhiya!
Sehr gut.	ठीक है। thīk hai.
Natürlich!	बिल्कुल! bilkul!
Genau.	मैं सहमत हूँ। main sahamat hūn.
Das stimmt.	यह सही है। yah sahī hai.
Das ist richtig.	यह ठीक है। yah thīk hai.
Sie haben Recht.	आप सही हैं। āp sahī hain.
Ich habe nichts dagegen.	मुझे बुरा नहीं लगेगा। mujhe bura nahin lagega.
Völlig richtig.	बिल्कुल सही। bilkul sahī.
Das kann sein.	हो सकता है। ho sakata hai.
Das ist eine gute Idee.	यह अच्छा विचार है। yah achchha vichār hai.
Ich kann es nicht ablehnen.	मैं नहीं नहीं बोल सकता /सकती/ हूँ। main nahin nahin bol sakata /sakatī/ hūn.
Ich würde mich freuen.	मुझे ख़ुश होगी। mujhe khush hogī.
Gerne.	ख़ुशी से। khushī se.

Ablehnung. Äußerung von Zweifel

Nein.
नहीं।
nahin.

Natürlich nicht.
बिल्कुल नहीं।
bilkul nahin.

Ich stimme nicht zu.
मैं सहमत नहीं हूँ।
main sahamat nahin hūn.

Das glaube ich nicht.
मुझे नहीं लगता है।
mujhe nahin lagata hai.

Das ist falsch.
यह सही नहीं है।
yah sahī nahin hai.

Sie liegen falsch.
आप गलत हैं।
āp galat hain.

Ich glaube, Sie haben Unrecht.
मेरे ख्याल में आप गलत हैं।
mere khyāl men āp galat hain.

Ich bin nicht sicher.
मुझे पक्का नहीं पता है।
mujhe pakka nahin pata hai.

Das ist unmöglich.
यह मुमकिन नहीं है।
yah mumakin nahin hai.

Nichts dergleichen!
ऐसा कुछ नहीं हुआ!
aisa kuchh nahin hua!

Im Gegenteil!
इससे बिल्कुल उलटा।
isase bilkul ulata.

Ich bin dagegen.
मैं इसके खिलाफ़ हूँ।
main isake khilāf hūn.

Es ist mir egal.
मुझे कोई फर्क नहीं पड़ता।
mujhe koī fark nahin parata.

Keine Ahnung.
मुझे कुछ नहीं पता।
mujhe kuchh nahin pata.

Ich bezweifle, dass es so ist.
मुझे इस बात पर शक है।
mujhe is bāt par shak hai.

Es tut mir leid, ich kann nicht.
माफ़ करना, मैं नहीं कर सकता /सकती/ हूँ।
māf karana, main nahin kar sakata /sakatī/ hūn.

Es tut mir leid, ich möchte nicht.
माफ़ करना, मैं नहीं करना चाहता /चाहती/ हूँ।
māf karana, main nahin karana chāhata /chāhatī/ hūn.

Danke, das brauche ich nicht.
शुक्रिया, मगर मुझे इसकी ज़रूरत नहीं है।
shukriya, magar mujhe isakī zarūrat nahin hai.

Es ist schon spät.

देर हो रही है।
der ho rahī hai.

Ich muss früh aufstehen.

मुझे जल्दी उठना है।
mujhe jaldī uthana hai.

Mir geht es schlecht.

मेरी तबियत ठीक नहीं है।
merī tabiyat thīk nahin hai.

Dankbarkeit ausdrücken

Danke.
शुक्रिया।
shukriya.

Dankeschön.
बहुत बहुत शुक्रिया।
bahut bahut shukriya.

Ich bin Ihnen sehr verbunden.
मैं बहुत आभारी हूँ।
main bahut ābhārī hūn.

Ich bin Ihnen sehr dankbar.
मैं बहुत बहुत आभारी हूँ।
main bahut bahut ābhārī hūn.

Wir sind Ihnen sehr dankbar.
हम बहुत आभारी हैं।
ham bahut ābhārī hain.

Danke, dass Sie Ihre Zeit geopfert haben.
आपके वक्त के लिए शुक्रिया।
āpake vakt ke lie shukriya.

Danke für alles.
हर चीज़ के लिए शुक्रिया।
har chīz ke lie shukriya.

Danke für …
… के लिए शुक्रिया।
… ke lie shukriya.

Ihre Hilfe
आपकी मदद
āpakī madad

die schöne Zeit
अच्छे वक्त
achchhe vakt

das wunderbare Essen
बढ़िया खाने
barhiya khāne

den angenehmen Abend
खुशनुमा शाम
khushanuma shām

den wunderschönen Tag
बढ़िया दिन
barhiya din

die interessante Führung
अद्भुत सफर
adbhut safar

Keine Ursache.
शुक्रिया की कोई ज़रूरत नहीं।
shukriya kī koī zarūrat nahin.

Nichts zu danken.
आपका स्वागत है।
āpaka svāgat hai.

Immer gerne.
कभी भी।
kabhī bhī.

Es freut mich, geholfen zu haben.
यह मेरे लिए खुशी की बात है।
yah mere lie khushī kī bāt hai.

Vergessen Sie es.
भूल जाओ।
bhūl jao.

Machen Sie sich keine Sorgen.
फिक्र मत करो।
fikr mat karo.

Glückwünsche. Beste Wünsche

Glückwunsch!
मुबारक हो!
mubārak ho!

Alles gute zum Geburtstag!
जन्मदिन की बधाई!
janmadin kī badhaī!

Frohe Weihnachten!
बड़ा दिन मुबारक हो!
bara din mubārak ho!

Frohes neues Jahr!
नए साल की बधाई!
nae sāl kī badhaī!

Frohe Ostern!
ईस्टर की शुभकामनाएं!
īstar kī shubhakāmanaen!

Frohes Hanukkah!
हनुका की बधाईयाँ!
hanuka kī badhaīyān!

Ich möchte einen Toast ausbringen.
मैं एक टोस्ट करना चाहूँगा /चाहूँगी/।
main ek tost karana chāhūnga /chāhūngī/.

Auf Ihr Wohl!
चियर्स!
chiyars!

Trinken wir auf …!
... के लिए पीया जाए!
... ke lie pīya jae!

Auf unseren Erfolg!
हमारी कामियाबी!
hamārī kāmiyābī!

Auf Ihren Erfolg!
आपकी कामियाबी!
āpakī kāmiyābī!

Viel Glück!
गुड लक!
gud lak!

Einen schönen Tag noch!
आपका दिन शुभ हो!
āpaka din shubh ho!

Haben Sie einen guten Urlaub!
आपकी छुट्टी अच्छी रहे!
āpakī chhuttī achchhī rahe!

Haben Sie eine sichere Reise!
आपका सफर सुरक्षित रहे!
āpaka safar surakshit rahe!

Ich hoffe es geht Ihnen bald besser!
मैं उम्मीद करता /करती/ हूँ कि आप जल्द ही ठीक हो जाएंगे!
main ummīd karata /karatī/ hūn ki āp jald hī thīk ho jaenge!

Sozialisieren

Warum sind Sie traurig?

आप उदास क्यों हैं?
āp udās kyon hain?

Lächeln Sie!

मुस्कुराओ! खुश रहो!
muskurao! khush raho!

Sind Sie heute Abend frei?

क्या आप आज रात फ्री हैं?
kya āp āj rāt frī hain?

Darf ich Ihnen was zum Trinken anbieten?

क्या मैं आपके लिए एक ड्रिंक खरीद सकता /सकती/ हूँ?
kya main āpake lie ek drink kharīd sakata /sakatī/ hūn?

Möchten Sie tanzen?

क्या आप डांस करना चाहेंगी /चाहेंगी/?
kya āp dāns karana chāhengī /chāhengī/?

Gehen wir ins Kino.

चलिए फ़िल्म देखने चलते हैं।
chalie film dekhane chalate hain.

Darf ich Sie ins ... einladen?

क्या मैं आपको ... इन्वाइट कर सकता /सकती/ हूँ?
kya main āpako ... invait kar sakata /sakatī/ hūn?

Restaurant

रेस्तरां
restarān

Kino

फ़िल्म के लिए
film ke lie

Theater

थियेटर के लिए
thiyetar ke lie

auf einen Spaziergang

वॉक के लिए
vok ke lie

Um wie viel Uhr?

कितने बजे?
kitane baje?

heute Abend

आज रात
āj rāt

um sechs Uhr

छह बजे
chhah baje

um sieben Uhr

सात बजे
sāt baje

um acht Uhr

आठ बजे
āth baje

um neun Uhr

नौ बजे
nau baje

Gefällt es Ihnen hier?

क्या आपको यहाँ अच्छा लगता है?
kya āpako yahān achchha lagata hai?

Sind Sie hier mit jemandem?

क्या आप यहाँ किसी के साथ
आए /आई/ हैं?
kya āp yahān kisī ke sāth
āe /āī/ hain?

Ich bin mit meinem Freund /meiner
Freundin/.

मैं अपने दोस्त के साथ हूँ।
main apane dost ke sāth hūn.

Ich bin mit meinen Freunden.

मैं अपने दोस्तों के साथ हूँ।
main apane doston ke sāth hūn.

Nein, ich bin alleine.

नहीं, मैं अकेला /अकेली/ हूँ।
nahin, main akela /akelī/ hūn.

Hast du einen Freund?

क्या आपका कोई बॉयफ्रेंड है?
kya āpaka koī boyafrend hai?

Ich habe einen Freund.

मेरा बॉयफ्रेंड है।
mera boyafrend hai.

Hast du eine Freundin?

क्या आपकी कोई गर्लफ्रेंड है?
kya āpakī koī garlafrend hai?

Ich habe eine Freundin.

मेरी एक गर्लफ्रेंड है।
merī ek garlafrend hai.

Kann ich dich nochmals sehen?

क्या आपसे फिर मिल सकता
/सकती/ हूँ?
kya āpase fir mil sakata
/sakatī/ hūn?

Kann ich dich anrufen?

क्या मैं आपको कॉल कर सकता
/सकती/ हूँ?
kya main āpako kol kar sakata
/sakatī/ hūn?

Ruf mich an.

मुझे कॉल करना।
mujhe kol karana.

Was ist deine Nummer?

आपका नंबर क्या है?
āpaka nambar kya hai?

Ich vermisse dich.

मुझे तुम्हारी याद आ रही है।
mujhe tumhārī yād ā rahī hai.

Sie haben einen schönen Namen.

आपका नाम बहुत खूबसूरत है।
āpaka nām bahut khūbasūrat hai.

Ich liebe dich.

मैं तुमसे प्यार करता /करती/ हूँ।
main tumase pyār karata /karatī/ hūn.

Willst du mich heiraten?

क्या तुम मुझसे शादी करोगे /करोगी/?
kya tum mujhase shādī karoge /karogī/?

Sie machen Scherze!

तुम मज़ाक कर रहे /रही/ हो!
tum mazāk kar rahe /rahī/ ho!

Ich habe nur gescherzt.

मैं बस मज़ाक कर रहा रही हूँ।
main bas mazāk kar raha rahī hūn.

Ist das Ihr Ernst?

क्या आप सीरियस हैं?
kya āp sīriyas hain?

Das ist mein Ernst.

मैं सीरियस हूँ।
main sīriyas hūn.

Echt?!	सच में?! sach men?!
Das ist unglaublich!	मुझे यकिन नहीं होता! mujhe yakin nahin hota!
Ich glaube Ihnen nicht.	मुझे तुम पर यकिन नहीं है। mujhe tum par yakin nahin hai.
Ich kann nicht.	मैं नहीं आ सकता /सकती/। main nahin ā sakata /sakatī/.
Ich weiß nicht.	मुझे नहीं मालूम। mujhe nahin mālūm.
Ich verstehe Sie nicht.	मुझे आपकी बात समझ नहीं आई। mujhe āpakī bāt samajh nahin āī.
Bitte gehen Sie weg.	यहाँ से चले जाईये। yahān se chale jaīye.
Lassen Sie mich in Ruhe!	मुझे अकेला छोड़ दो! mujhe akela chhor do!
Ich kann ihn nicht ausstehen.	मैं उसे बर्दाश्त नहीं कर सकता /सकती/ हूँ। main use bardāsht nahin kar sakata /sakatī/ hūn.
Sie sind widerlich!	तुमसे घिन्न आती है! tumase ghinn ātī hai!
Ich rufe die Polizei an!	मैं पुलिस बुला लूँगा /लूँगी/! main pulis bula lūnga /lūngī/!

Gemeinsame Eindrücke. Emotionen

Das gefällt mir.	मुझे यह पसंद है। mujhe yah pasand hai.
Sehr nett.	बहुत अच्छा। bahut achchha.
Das ist toll!	बहुत बढ़िया! bahut barhiya!
Das ist nicht schlecht.	बुरा नहीं है। bura nahin hai.
Das gefällt mir nicht.	मुझे यह पसंद नहीं है। mujhe yah pasand nahin hai.
Das ist nicht gut.	यह अच्छा नहीं है। yah achchha nahin hai.
Das ist schlecht.	यह बुरा है। yah bura hai.
Das ist sehr schlecht.	यह बहुत बुरा है। yah bahut bura hai.
Das ist widerlich.	यह घिनौना है। yah ghinauna hai.
Ich bin glücklich.	मैं खुश हूँ। main khush hūn.
Ich bin zufrieden.	मैं संतुष्ट हूँ। main santusht hūn.
Ich bin verliebt.	मुझे प्यार हो गया है। mujhe pyār ho gaya hai.
Ich bin ruhig.	मैं शांत हूँ। main shānt hūn.
Ich bin gelangweilt.	मुझे बोरियत हो रही है। mujhe boriyat ho rahī hai.
Ich bin müde.	मैं थक गया /गई/ हूँ। main thak gaya /gaī/ hūn.
Ich bin traurig.	मैं दुखी हूँ। main dukhī hūn.
Ich habe Angst.	मुझे डर लग रहा हैं। mujhe dar lag raha hain.
Ich bin wütend.	मुझे गुस्सा आ रहा है। mujhe gussa ā raha hai.
Ich mache mir Sorgen.	मैं परेशान हूँ। main pareshān hūn.
Ich bin nervös.	मुझे घवराहट हो रही है। mujhe ghavarāhat ho rahī hai.

Ich bin eifersüchtig.

मुझे जलन हो रही है।
mujhe jalan ho rahī hai.

Ich bin überrascht .

मुझे हैरानी हो रही है।
mujhe hairānī ho rahī hai.

Es ist mir peinlich.

मुझे समझ नहीं आ रहा है।
mujhe samajh nahin ā raha hai.

Probleme. Unfälle

Ich habe ein Problem.
मुझे एक परेशानी है।
mujhe ek pareshānī hai.

Wir haben Probleme.
हमें परेशानी है।
hamen pareshānī hai.

Ich bin verloren.
मैं खो गया /गई/ हूँ।
main kho gaya /gaī/ hūn.

Ich habe den letzten Bus (Zug) verpasst.
मुझसे आखिरी बस छूट गई।
mujhase ākhirī bas chhūt gaī.

Ich habe kein Geld mehr.
मेरे पास पैसे नहीं बचे।
mere pās paise nahin bache.

Ich habe mein ... verloren.
मेरा ... खो गया है।
mera ... kho gaya hai.

Jemand hat mein ... gestohlen.
किसी ने मेरा ... चुरा लिया।
kisī ne mera ... churā liya.

Reisepass
पासपोर्ट
pāsaport

Geldbeutel
बटुआ
batua

Papiere
कागज़ात
kāgazāt

Fahrkarte
टिकट
tikat

Geld
पैसा
paisa

Tasche
पर्स
pars

Kamera
कैमरा
kaimara

Laptop
लैपटॉप
laipatop

Tabletcomputer
टैबलेट
taibalet

Handy
मोबाइल फ़ोन
mobail fon

Hilfe!
मेरी मदद करो!
merī madad karo!

Was ist passiert?
क्या हुआ?
kya hūa?

Feuer
आग
āg

Schießerei
गोलियाँ चल रही हैं
goliyān chal rahī hain

Mord	कत्ल हो गया है katl ho gaya hai
Explosion	विस्फोट हो गया है visfot ho gaya hai
Schlägerei	लड़ाई हो गई है laraī ho gaī hai

Rufen Sie die Polizei!	पुलिस को बुलाओ! pulis ko bulāo!
Beeilen Sie sich!	कृपया जल्दी करें! kṛpaya jaldī karen!
Ich suche nach einer Polizeistation.	मैं पुलिस थाना ढूंढ रहा /रही/ हूँ। main pulis thāna dhūnṛh raha /rahī/ hūn.
Ich muss einen Anruf tätigen.	मुझे फ़ोन करना है। mujhe fon karana hai.
Kann ich Ihr Telefon benutzen?	क्या मैं आपका फ़ोन इस्तेमाल कर सकता /सकती/ हूँ? kya main āpaka fon istemāl kar sakata /sakatī/ hūn?

ausgeraubt	मेरा सामान चुरा लिया गया है mera sāmān chura liya gaya hai
überfallen	मुझे लूट लिया गया है mujhe lūt liya gaya hai
vergewaltigt	मेरा बालात्कार किया गया है mera bālātkār kiya gaya hai
angegriffen	मुझे पीटा गया है mujhe pīta gaya hai

Ist bei Ihnen alles in Ordnung?	क्या आप ठीक हैं? kya āp thīk hain?
Haben Sie gesehen wer es war?	क्या आपने देखा कौन था? kya āpane dekha kaun tha?
Sind Sie in der Lage die Person wiederzuerkennen?	क्या आप उसे पहचान सकेंगे /सकेंगी/? kya āp use pahachān sakenge /sakengī/?
Sind sie sicher?	क्या आपको यकीन है? kya āpako yakīn hai?

Beruhigen Sie sich bitte!	कृपया शांत हो जाएं। kṛpaya shānt ho jaen.
Ruhig!	आराम से! ārām se!
Machen Sie sich keine Sorgen	चिंता मत करो! chinta mat karo!
Alles wird gut.	सब ठीक हो जायेगा। sab thīk ho jāyega.
Alles ist in Ordnung.	सब कुछ ठीक है। sab kuchh thīk hai.
Kommen Sie bitte her.	कृपया यहाँ आइये। kṛpaya yahān āiye.

Ich habe einige Fragen für Sie.

मेरे पास तुम्हारे लिए कुछ प्रश्न है।
mere pās tumhāre lie kuchh prashn hai.

Warten Sie einen Moment bitte.

कृपया एक क्षण रुकें।
kṛpaya ek kshan ruken.

Haben Sie einen Identifikationsnachweis?

क्या आपके पास आईडी है?
kya āpake pās āīdī hai?

Danke. Sie können nun gehen.

धन्यवाद। आप अब जा सकते /सकती/ है।
dhanyavād. āp ab ja sakate /sakatī/ hain.

Hände hinter dem Kopf!

अपने हाथ सिर के पीछे रखें!
apane hāth sir ke pīchhe rakhen!

Sie sind verhaftet!

आप हिरासत में हैं!
āp hirāsat men hain!

Gesundheitsprobleme

Helfen Sie mir bitte.

कृपया मेरी मदद करें।
kŗpaya merī madad karen.

Mir ist schlecht.

मेरी तबियत ठीक नहीं है।
merī tabiyat thīk nahin hai.

Meinem Ehemann ist schlecht.

मेरे पति को ठीक महसूस नहीं
हो रहा है।
mere pati ko thīk mahasūs nahin
ho raha hai.

Mein Sohn …

मेरे बेटे …
mere bete …

Mein Vater …

मेरे पिता …
mere pita …

Meine Frau fühlt sich nicht gut.

मेरी पत्नी को ठीक महसूस नहीं
हो रहा है।
merī patnī ko thīk mahasūs nahin
ho raha hai.

Meine Tochter …

मेरी बेटी …
merī betī …

Meine Mutter …

मेरी माँ …
merī mān …

Kopf-

मुझे सिरदर्द है।
mujhe siradard hai.

Hals-

मेरा गला ख़राब है।
mera gala kharāb hai.

Bauch-

मेरे पेट में दर्द है।
mere pet men dard hai.

Zahn-

मेरे दाँत में दर्द है।
mere dānt men dard hai.

Mir ist schwindelig.

मुझे चक्कर आ रहा है।
mujhe chakkar ā raha hai.

Er hat Fieber.

इसे बुख़ार है।
ise bukhār hai.

Sie hat Fieber.

इसे बुख़ार है।
ise bukhār hai.

Ich kann nicht atmen.

मैं साँस नहीं ले पा रहा /रही/ हूँ।
main sāns nahin le pa raha /rahī/ hūn.

Ich kriege keine Luft.

मेरी साँस फूल रही है।
merī sāns fūl rahī hai.

Ich bin Asthmatiker.

मुझे दमा है।
mujhe dama hai.

Ich bin Diabetiker /Diabetikerin/ — मैं मधुमेह का /की/ रोगी हूँ।
main madhumeh ka /kī/ rogī hūn.

Ich habe Schlaflosigkeit. — मैं सो नहीं पा रहा /रही/ हूँ।
main so nahin pa raha /rahī/ hūn.

Lebensmittelvergiftung — फुड पॉएज़निंग
fūd poezaning

Es tut hier weh. — यहाँ दुखता हैं।
yahān dukhata hain.

Hilfe! — मेरी मदद करो!
merī madad karo!

Ich bin hier! — मैं यहाँ हूँ!
main yahān hūn!

Wir sind hier! — हम यहाँ हैं!
ham yahān hain!

Bringen Sie mich hier raus! — मुझे यहां से बाहर निकालो!
mujhe yahān se bāhar nikālo!

Ich brauche einen Arzt. — मुझे एक डॉक्टर की ज़रुरत है।
mujhe ek doktar kī zarurat hai.

Ich kann mich nicht bewegen. — मैं हिल नहीं सकता /सकती/ हूँ।
main hil nahin sakata /sakatī/ hūn.

Ich kann meine Beine nicht bewegen. — मैं अपने पैरों को नहीं हिला पा रहा /रही/ हूँ।
main apane pairon ko nahin hila pa raha /rahī/ hūn.

Ich habe eine Wunde. — मुझे चोट लगी है।
mujhe chot lagī hai.

Ist es ernst? — क्या यह गंभीर है?
kya yah gambhīr hai?

Meine Dokumente sind in meiner Hosentasche. — मेरे दस्तावेज़ मेरी जेब में हैं।
mere dastāvez merī jeb men hain.

Beruhigen Sie sich! — शांत हो जाओ!
shānt ho jao!

Kann ich Ihr Telefon benutzen? — क्या मैं आपका फ़ोन इस्तेमाल कर सकता /सकती/ हूँ?
kya main āpaka fon istemāl kar sakata /sakatī/ hūn?

Rufen Sie einen Krankenwagen! — एम्बुलेन्स बुलाओ!
embulens bulao!

Es ist dringend! — बहुत ज़रूरी है!
bahut zarūrī hai!

Es ist ein Notfall! — यह एक आपातकाल है!
yah ek āpātakāl hai!

Schneller bitte! — कृपया जल्दी करें!
kṛpaya jaldī karen!

Können Sie bitte einen Arzt rufen? — क्या आप डॉक्टर को बुला देंगे /देंगी/?
kya āp doktar ko bula denge /dengī/?

Wo ist das Krankenhaus? — अस्पताल कहाँ है?
aspatāl kahān hai?

Wie fühlen Sie sich?	आप कैसा महसूस कर रहे /रही/ हैं? āp kaisa mahasūs kar rahe /rahī/ hain?
Ist bei Ihnen alles in Ordnung?	क्या आप ठीक हैं? kya āp thīk hain?
Was ist passiert?	क्या हुआ? kya hua?
Mir geht es schon besser.	मैं अब ठीक हूँ। main ab thīk hūn.
Es ist in Ordnung.	सब ठीक है। sab thīk hai.
Alles ist in Ordnung.	सब कुछ ठीक है। sab kuchh thīk hai.

In der Apotheke

Apotheke	दवा की दुकान dava kī dukān
24 Stunden Apotheke	चौबीस घंटे खुलने वाली दवा की दुकान chaubīs ghante khulane vālī dava kī dukān
Wo ist die nächste Apotheke?	सबसे करीबी दवा की दुकान कहाँ है? sabase karībī dava kī dukān kahān hai?

Ist sie jetzt offen?	क्या वह अभी खुली है? kya vah abhī khulī hai?
Um wie viel Uhr öffnet sie?	वह कितने बजे खुलती है? vah kitane baje khulatī hai?
Um wie viel Uhr schließt sie?	वह कितने बजे बंद होती है? vah kitane baje band hotī hai?

Ist es weit?	क्या वह दूर है? kya vah dūr hai?
Kann ich dort zu Fuß hingehen?	क्या मैं वहाँ पैदल जा सकता /सकती/ हूँ? kya main vahān paidal ja sakata /sakatī/ hūn?
Können Sie es mir auf der Karte zeigen?	क्या आप मुझे नक्शे पर दिखा सकते /सकती/ हैं? kya āp mujhe nakshe par dikha sakate /sakatī/ hain?

Bitte geben sie mir etwas gegen ...	मुझे ... के लिए कुछ दे दें। mujhe ... ke lie kuchh de den.
Kopfschmerzen	सिरदर्द siradard
Husten	खाँसी khānsī
eine Erkältung	जुकाम zukām
die Grippe	जुकाम-बुखार zukām-bukhār

Fieber	बुखार bukhār
Magenschmerzen	पेट दर्द pet dard
Übelkeit	मतली matalī

Durchfall	दस्त dast
Verstopfung	कब्ज kabz

Rückenschmerzen	पीठ दर्द pīth dard
Brustschmerzen	सीने में दर्द sīne men dard
Seitenstechen	पेट की माँसपेशी में दर्द pet kī mānsapeshī men dard
Bauchschmerzen	पेट दर्द pet dard

Pille	दवा dava
Salbe, Creme	मरहम, क्रीम maraham, krīm
Sirup	सिरप sirap
Spray	स्प्रे spre
Tropfen	ड्रॉप drop

Sie müssen ins Krankenhaus gehen.	आपको अस्पताल जाना चाहिए। āpako aspatāl jāna chāhie.
Krankenversicherung	स्वास्थ्य बीमा svāsthy bīma
Rezept	नुस्खा nuskha
Insektenschutzmittel	कीटरोधक kītarodhak
Pflaster	बैंड एड baind ed

Das absolute Minimum

Entschuldigen Sie bitte, …	माफ़ कीजिएगा, … māf kījiega, …
Hallo.	नमस्कार। namaskār.
Danke.	शुक्रिया। shukriya.
Auf Wiedersehen.	अलविदा। alavida.
Ja.	हाँ। hān.
Nein.	नहीं। nahin.
Ich weiß nicht.	मुझे नहीं मालूम। mujhe nahin mālūm.
Wo? | Wohin? | Wann?	कहाँ? । कहाँ जाना है? । कब? kahān? | kahān jāna hai? | kab?
Ich brauche …	मुझे … चाहिए। mujhe … chāhie.
Ich möchte …	मैं … चाहता /चाहती/ हूँ। main … chāhata /chāhatī/ hūn.
Haben Sie …?	क्या आपके पास … है? kya āpake pās … hai?
Gibt es hier …?	क्या यहाँ … है? kya yahān … hai?
Kann ich …?	क्या मैं … सकता /सकती/ हूँ? kya main … sakata /sakatī/ hūn?
Bitte (anfragen)	…, कृपया। …, krpaya.
Ich suche …	मैं … ढूंढ रहा /रही/ हूँ। main … dhūnrh raha /rahī/ hūn.
die Toilette	शौचालय shauchālay
den Geldautomat	एटीएम etīem
die Apotheke	दवा की दुकान dava kī dukān
das Krankenhaus	अस्पताल aspatāl
die Polizeistation	पुलिस थाना pulis thāna
die U-Bahn	मेट्रो metro

das Taxi	टैक्सी taiksī
den Bahnhof	ट्रेन स्टेशन tren steshan

Ich heiße …	मेरा नाम … है mera nām … hai
Wie heißen Sie?	आपका क्या नाम है? āpaka kya nām hai?
Helfen Sie mir bitte.	क्या आप मेरी मदद कर सकते /सकती/ हैं? kya āp merī madad kar sakate /sakatī/ hain?
Ich habe ein Problem.	मुझे एक परेशानी है mujhe ek pareshānī hai.
Mir ist schlecht.	मेरी तबियत ठीक नहीं है merī tabiyat thīk nahin hai.
Rufen Sie einen Krankenwagen!	एम्बुलेन्स बुलाओ! embulens bulao!
Darf ich telefonieren?	क्या मैं एक फ़ोन कर सकता /सकती/ हूँ? kya main ek fon kar sakata /sakatī/ hūn?

Entschuldigung.	मुझे माफ़ करना। mujhe māf kar do.
Keine Ursache.	आपका स्वागत है āpaka svāgat hai.

ich	मैं main
du	तू tū
er	वह vah
sie	वह vah
sie (Pl, Mask.)	वे ve
sie (Pl, Fem.)	वे ve
wir	हम ham
ihr	तुम tum
Sie	आप āp

EINGANG	प्रवेश pravesh
AUSGANG	निकास nikās

AUßER BETRIEB
ख़राब है
kharāb hai

GESCHLOSSEN
बंद
band

OFFEN
खुला
khula

FÜR DAMEN
महिलाओं के लिए
mahilaon ke lie

FÜR HERREN
पुरूषों के लिए
purūshon ke lie

KOMPAKTWÖRTERBUCH

Dieser Teil beinhaltet über
1.500 nützliche Wörter.
Das Wörterbuch beinhaltet
viele gastronomische Begriffe
und wird Ihnen hilfreich bei
der Bestellung von Essen in
einem Restaurant oder beim
Kauf von Lebensmitteln im
Lebensmittelgeschäft sein

T&P Books Publishing

INHALT WÖRTERBUCH

Zeit (f)	वक्त (m)	vakt
Stunde (f)	घंटा (m)	ghanta
eine halbe Stunde	आधा घंटा	ādha ghanta
Minute (f)	मिनट (m)	minat
Sekunde (f)	सेकन्ड (m)	sekand
heute	आज	āj
morgen	कल	kal
gestern	कल	kal
Montag (m)	सोमवार (m)	somavār
Dienstag (m)	मंगलवार (m)	mangalavār
Mittwoch (m)	बुधवार (m)	budhavār
Donnerstag (m)	गुरूवार (m)	gurūvār
Freitag (m)	शुक्रवार (m)	shukravār
Samstag (m)	शनिवार (m)	shanivār
Sonntag (m)	रविवार (m)	ravivār
Tag (m)	दिन (m)	din
Arbeitstag (m)	कार्यदिवस (m)	kāryadivas
Feiertag (m)	सार्वजनिक छुट्टी (f)	sārvajanik chhuttī
Wochenende (n)	ससाहांत (m)	saptāhānt
Woche (f)	हफ़ता (f)	hafata
letzte Woche	पिछले हफ़ते	pichhale hafate
nächste Woche	अगले हफ़ते	agale hafate
Sonnenaufgang (m)	सूर्योदय (m)	sūryoday
Sonnenuntergang (m)	सूर्यास्त (m)	sūryāst
morgens	सुबह में	subah men
nachmittags	दोपहर में	dopahar men
abends	शाम में	shām men
heute Abend	आज शाम	āj shām
nachts	रात में	rāt men
Mitternacht (f)	आधी रात (f)	ādhī rāt
Januar (m)	जनवरी (m)	janavarī
Februar (m)	फ़रवरी (m)	faravarī
März (m)	मार्च (m)	mārch
April (m)	अप्रैल (m)	aprail
Mai (m)	माई (m)	maī
Juni (m)	जून (m)	jūn
Juli (m)	जुलाई (m)	julaī
August (m)	अगस्त (m)	agast

September (m)	सितम्बर (m)	sitambar
Oktober (m)	अक्तूबर (m)	aktūbar
November (m)	नवम्बर (m)	navambar
Dezember (m)	दिसम्बर (m)	disambar

im Frühling	वसन्त में	vasant men
im Sommer	गरमियों में	garamiyon men
im Herbst	शरद में	sharad men
im Winter	सर्दियों में	sardiyon men

Monat (m)	महीना (m)	mahīna
Saison (f)	मौसम (m)	mausam
Jahr (n)	वर्ष (m)	varsh
Jahrhundert (n)	शताब्दी (f)	shatābadī

2. Zahlen. Zahlwörter

Ziffer (f)	अंक (m)	ank
Zahl (f)	संख्या (f)	sankhya
Minus (n)	घटाव चिह्न (m)	ghatāv chihn
Plus (n)	जोड़ चिह्न (m)	jor chihn
Summe (f)	कुल (m)	kul

der erste	पहला	pahala
der zweite	दूसरा	dūsara
der dritte	तीसरा	tīsara

null	ज़ीरो	zīro
eins	एक	ek
zwei	दो	do
drei	तीन	tīn
vier	चार	chār

fünf	पाँच	pānch
sechs	छह	chhah
sieben	सात	sāt
acht	आठ	āth
neun	नौ	nau
zehn	दस	das

elf	ग्यारह	gyārah
zwölf	बारह	bārah
dreizehn	तेरह	terah
vierzehn	चौदह	chaudah
fünfzehn	पन्द्रह	pandrah

sechzehn	सोलह	solah
siebzehn	सत्रह	satrah
achtzehn	अठारह	athārah
neunzehn	उन्नीस	unnīs

zwanzig	बीस	bīs
dreißig	तीस	tīs
vierzig	चालीस	chālīs
fünfzig	पचास	pachās
sechzig	साठ	sāth
siebzig	सत्तर	sattar
achtzig	अस्सी	assī
neunzig	नब्बे	nabbe
einhundert	सौ	sau
zweihundert	दो सौ	do sau
dreihundert	तीन सौ	tīn sau
vierhundert	चार सौ	chār sau
fünfhundert	पाँच सौ	pānch sau
sechshundert	छह सौ	chhah sau
siebenhundert	सात सो	sāt so
achthundert	आठ सौ	āth sau
neunhundert	नौ सौ	nau sau
eintausend	एक हज़ार	ek hazār
zehntausend	दस हज़ार	das hazār
hunderttausend	एक लाख	ek lākh
Million (f)	दस लाख (m)	das lākh
Milliarde (f)	अरब (m)	arab

3. Menschen. Familie

Mann (m)	आदमी (m)	ādamī
Junge (m)	युवक (m)	yuvak
Teenager (m)	किशोर (m)	kishor
Frau (f)	औरत (f)	aurat
Mädchen (n)	लड़की (f)	larakī
Alter (n)	उम्र (f)	umr
Erwachsene (m)	व्यस्क	vyask
in mittleren Jahren	अधेड़	adhed
älterer (Adj)	बुज़ुर्ग	buzurg
alt (Adj)	साल	sāl
Greis (m)	बूढ़ा आदमी (m)	būrha ādamī
alte Frau (f)	बूढ़ी औरत (f)	būrhī aurat
Ruhestand (m)	सेवा-निवृत्ति (f)	seva-nivrtti
in Rente gehen	सेवा-निवृत्त होना	seva-nivrtt hona
Rentner (m)	सेवा-निवृत्त (m)	seva-nivrtt
Mutter (f)	माँ (f)	mān
Vater (m)	पिता (m)	pita
Sohn (m)	बेटा (m)	beta
Tochter (f)	बेटी (f)	betī

| Bruder (m) | भाई (m) | bhaī |
| Schwester (f) | बहन (f) | bahan |

Eltern (pl)	माँ-बाप (m pl)	mān-bāp
Kind (n)	बच्चा (m)	bachcha
Kinder (pl)	बच्चे (m pl)	bachche
Stiefmutter (f)	सौतेली माँ (f)	sautelī mān
Stiefvater (m)	सौतेले पिता (m)	sautele pita

Großmutter (f)	दादी (f)	dādī
Großvater (m)	दादा (m)	dāda
Enkel (m)	पोता (m)	pota
Enkelin (f)	पोती (f)	potī
Enkelkinder (pl)	पोते (m)	pote

Onkel (m)	चाचा (m)	chācha
Tante (f)	चाची (f)	chāchī
Neffe (m)	भतीजा (m)	bhatīja
Nichte (f)	भतीजी (f)	bhatījī

Frau (f)	पत्नी (f)	patnī
Mann (m)	पति (m)	pati
verheiratet (Ehemann)	शादीशुदा	shādīshuda
verheiratet (Ehefrau)	शादीशुदा	shādīshuda
Witwe (f)	विधवा (f)	vidhava
Witwer (m)	विधुर (m)	vidhur

| Vorname (m) | पहला नाम (m) | pahala nām |
| Name (m) | उपनाम (m) | upanām |

Verwandte (m)	रिश्तेदार (m)	rishtedār
Freund (m)	दोस्त (m)	dost
Freundschaft (f)	दोस्ती (f)	dostī

Partner (m)	पार्टनर (m)	pārtanar
Vorgesetzte (m)	अधीक्षक (m)	adhīkshak
Kollege (m), Kollegin (f)	सहकर्मी (m)	sahakarmī
Nachbarn (pl)	पड़ोसी (m pl)	parosī

4. Menschlicher Körper. Anatomie

Organismus (m)	शरीर (m)	sharīr
Körper (m)	शरीर (m)	sharīr
Herz (n)	दिल (m)	dil
Blut (n)	खून (f)	khūn
Gehirn (n)	मस्तिष्क (m)	māstishk
Nerv (m)	नस (f)	nas

| Knochen (m) | हड्डी (f) | haddī |
| Skelett (n) | कंकाल (m) | kankāl |

Wirbelsäule (f)	रीढ़ की हड्डी	rīrh kī haddī
Rippe (f)	पसली (f)	pasalī
Schädel (m)	खोपड़ी (f)	khoparī
Muskel (m)	मांसपेशी (f)	mānsapeshī
Lungen (pl)	फेफड़े (m pl)	fefare
Haut (f)	त्वचा (f)	tvacha
Kopf (m)	सिर (m)	sir
Gesicht (n)	चेहरा (m)	chehara
Nase (f)	नाक (f)	nāk
Stirn (f)	माथा (m)	mātha
Wange (f)	गाल (m)	gāl
Mund (m)	मुँह (m)	munh
Zunge (f)	जीभ (m)	jībh
Zahn (m)	दाँत (f)	dānt
Lippen (pl)	होंठ (m)	honth
Kinn (n)	ठोड़ी (f)	thorī
Ohr (n)	कान (m)	kān
Hals (m)	गरदन (m)	garadan
Kehle (f)	गला (m)	gala
Auge (n)	आँख (f)	ānkh
Pupille (f)	आँख की पुतली (f)	ānkh kī putalī
Augenbraue (f)	भौंह (f)	bhaunh
Wimper (f)	बरौनी (f)	baraunī
Haare (pl)	बाल (m pl)	bāl
Frisur (f)	हेयरस्टाइल (m)	heyarastail
Schnurrbart (m)	मूँछें (f pl)	mūnchhen
Bart (m)	दाढ़ी (f)	dārhī
haben (einen Bart ~)	होना	hona
kahl	गंजा	ganja
Hand (f)	हाथ (m)	hāth
Arm (m)	बाँह (m)	bānh
Finger (m)	उँगली (m)	ungalī
Nagel (m)	नाखून (m)	nākhūn
Handfläche (f)	हथेली (f)	hathelī
Schulter (f)	कंधा (m)	kandha
Bein (n)	टाँग (f)	tāng
Fuß (m)	पैर का तलवा (m)	pair ka talava
Knie (n)	घुटना (m)	ghutana
Ferse (f)	एड़ी (f)	erī
Rücken (m)	पीठ (f)	pīth
Taille (f)	कमर (f)	kamar
Leberfleck (m)	सौंदर्य चिन्ह (f)	saundary chinh
Muttermal (n)	जन्म चिह्न (m)	janm chihn

5. Medizin. Krankheiten. Medikamente

Gesundheit (f)	सेहत (f)	sehat
gesund (Adj)	तंदरुस्त	tandarūst
Krankheit (f)	बीमारी (f)	bīmārī
krank sein	बीमार होना	bīmār hona
krank (Adj)	बीमार	bīmār
Erkältung (f)	ज़ुकाम (f)	zukām
sich erkälten	ज़ुकाम हो जाना	zukām ho jāna
Angina (f)	टॉन्सिल (m)	tonsil
Lungenentzündung (f)	निमोनिया (f)	nimoniya
Grippe (f)	फ़्लू (m)	flū
Schnupfen (m)	नज़ला (m)	nazala
Husten (m)	खाँसी (f)	khānsī
husten (vi)	खाँसना	khānsana
niesen (vi)	छींकना	chhīnkana
Schlaganfall (m)	स्ट्रोक (m)	strok
Infarkt (m)	दिल का दौरा (m)	dil ka daura
Allergie (f)	एलर्जी (f)	elarjī
Asthma (n)	दमा (f)	dama
Diabetes (m)	शूगर (f)	shūgar
Tumor (m)	ट्यूमर (m)	tyūmar
Krebs (m)	कर्क रोग (m)	kark rog
Alkoholismus (m)	शराबीपन (m)	sharābīpan
AIDS	ऐड्स (m)	aids
Fieber (n)	बुखार (m)	bukhār
Seekrankheit (f)	जहाज़ी मतली (f)	jahāzī matalī
blauer Fleck (m)	नील (m)	nīl
Beule (f)	गुमड़ा (m)	gumara
hinken (vi)	लंगड़ाना	langarāna
Verrenkung (f)	हड्डी खिसकना (f)	haddī khisakana
ausrenken (vt)	हड्डी खिसकना	haddī khisakana
Fraktur (f)	हड्डी टूट जाना (f)	haddī tūt jāna
Verbrennung (f)	जला होना	jala hona
Verletzung (f)	चोट (f)	chot
Schmerz (m)	दर्द (m)	dard
Zahnschmerz (m)	दाँत दर्द (m)	dānt dard
schwitzen (vi)	पसीना निकलना	pasīna nikalana
taub	बहरा	bahara
stumm	गूँगा	gūnga
Immunität (f)	रोग प्रतिरोधक शक्ति (f)	rog pratirodhak shakti
Virus (m, n)	विषाणु (m)	vishānu
Mikrobe (f)	कीटाणु (m)	kītānu

Bakterie (f)	जीवाणु (m)	jīvānu
Infektion (f)	संक्रमण (m)	sankraman
Krankenhaus (n)	अस्पताल (m)	aspatāl
Heilung (f)	इलाज (m)	ilāj
impfen (vt)	टीका लगाना	tīka lagāna
im Koma liegen	कोमा में चले जाना	koma men chale jāna
Reanimation (f)	गहन चिकित्सा (f)	gahan chikitsa
Symptom (n)	लक्षण (m)	lakshan
Puls (m)	नब्ज़ (f)	nabz

6. Empfindungen. Gefühle. Unterhaltung

ich	मैं	main
du	तुम	tum
er, sie, es	वह	vah
wir	हम	ham
ihr	आप	āp
sie	वे	ve
Hallo! (ugs.)	नमस्कार!	namaskār!
Hallo! (Amtsspr.)	नमस्ते!	namaste!
Guten Morgen!	नमस्ते!	namaste!
Guten Tag!	नमस्ते!	namaste!
Guten Abend!	नमस्ते!	namaste!
grüßen (vi, vt)	नमस्कार कहना	namaskār kahana
begrüßen (vt)	अभिवादन करना	abhivādan karana
Wie geht's?	आप कैसे हैं?	āp kaise hain?
Auf Wiedersehen!	अलविदा!	alavida!
Danke!	धन्यवाद!	dhanyavād!
Gefühle (pl)	भावनाएं (f)	bhāvanaen
hungrig sein	भूख लगना	bhūkh lagana
Durst haben	प्यास लगना	pyās lagana
müde	थका हुआ	thaka hua
sorgen (vi)	फ़िक्रमंद होना	fikramand hona
nervös sein	घबराना	ghabarāna
Hoffnung (f)	आशा (f)	āsha
hoffen (vi)	आशा रखना	āsha rakhana
Charakter (m)	चरित्र (m)	charitr
bescheiden	विनम्र	vinamr
faul	आलसी	ālasī
freigebig	उदार	udār
talentiert	प्रतिभाशाली	pratibhāshālī
ehrlich	ईमानदार	īmānadār
ernst	गम्भीर	gambhīr

schüchtern	शर्मीला	sharmīla
aufrichtig (Adj)	हार्दिक	hārdik
Feigling (m)	कायर (m)	kāyar
schlafen (vi)	सोना	sona
Traum (m)	सपना (f)	sapana
Bett (n)	पलंग (m)	palang
Kissen (n)	तकिया (m)	takiya
Schlaflosigkeit (f)	अनिद्रा (m)	anidra
schlafen gehen	सोने जाना	sone jāna
Alptraum (m)	डरावना सपना (m)	darāvana sapana
Wecker (m)	अलार्म घड़ी (f)	alārm gharī
Lächeln (n)	मुस्कान (f)	muskān
lächeln (vi)	मुस्कुराना	muskurāna
lachen (vi)	हसना	hansana
Zank (m)	झगड़ा (m)	jhagara
Kränkung (f)	अपमान (m)	apamān
Beleidigung (f)	द्वेष (f)	dvesh
verärgert	नाराज़	nārāz

7. Kleidung. Persönliche Accessoires

Kleidung (f)	कपड़े (m)	kapare
Mantel (m)	ओवरकोट (m)	ovarakot
Pelzmantel (m)	फरकोट (m)	farakot
Jacke (z.B. Lederjacke)	जैकेट (f)	jaiket
Regenmantel (m)	बरसाती (f)	barasātī
Hemd (n)	कमीज़ (f)	kamīz
Hose (f)	पैंट (m)	paint
Jackett (n)	कोट (m)	kot
Anzug (m)	सूट (m)	sūt
Damenkleid (n)	फ्रॉक (f)	frok
Rock (m)	स्कर्ट (f)	skart
T-Shirt (n)	टी-शर्ट (f)	tī-shart
Bademantel (m)	बाथ रोब (m)	bāth rob
Schlafanzug (m)	पजामा (m)	pajāma
Arbeitskleidung (f)	वर्दी (f)	vardī
Unterwäsche (f)	अंगवस्त्र (m)	angavastr
Socken (pl)	मोज़े (m pl)	moze
Büstenhalter (m)	ब्रा (f)	bra
Strumpfhose (f)	टाइट्स (m pl)	taits
Strümpfe (pl)	स्टाकिंग (m pl)	stāking
Badeanzug (m)	स्विम सूट (m)	svim sūt
Mütze (f)	टोपी (f)	topī
Schuhe (pl)	पनही (f)	panahī

Stiefel (pl)	बूट (m pl)	būt
Absatz (m)	एड़ी (f)	erī
Schnürsenkel (m)	जूते का फ़ीता (m)	jūte ka fīta
Schuhcreme (f)	बूट-पालिश (m)	būt-pālish

Baumwolle (f)	कपास (m)	kapās
Wolle (f)	ऊन (m)	ūn
Pelz (m)	फ़र (m)	far

Handschuhe (pl)	दस्ताने (m pl)	dastāne
Fausthandschuhe (pl)	दस्ताने (m pl)	dastāne
Schal (Kaschmir-)	मफ़लर (m)	mafalar
Brille (f)	ऐनक (m pl)	ainak
Regenschirm (m)	छतरी (f)	chhatarī

Krawatte (f)	टाई (f)	taī
Taschentuch (n)	रूमाल (m)	rūmāl
Kamm (m)	कंघा (m)	kangha
Haarbürste (f)	ब्रश (m)	brash
Schnalle (f)	बकसुआ (m)	bakasua
Gürtel (m)	बेल्ट (m)	belt
Handtasche (f)	पर्स (m)	pars

Kragen (m)	कॉलर (m)	kolar
Tasche (f)	जेब (m)	jeb
Ärmel (m)	आस्तीन (f)	āstīn
Hosenschlitz (m)	ज़िप (f)	zip

Reißverschluss (m)	ज़िप (f)	zip
Knopf (m)	बटन (m)	batan
sich beschmutzen	मैला होना	maila hona
Fleck (m)	धब्बा (m)	dhabba

8. Stadt. Innerstädtische Einrichtungen

Laden (m)	दुकान (f)	dukān
Einkaufszentrum (n)	शॉपिंग मॉल (m)	shoping mol
Supermarkt (m)	सुपर बाज़ार (m)	supar bāzār
Schuhgeschäft (n)	जूते की दुकान (f)	jūte kī dukān
Buchhandlung (f)	किताबों की दुकान (f)	kitābon kī dukān

Apotheke (f)	दवाख़ाना (m)	davākhāna
Bäckerei (f)	बेकरी (f)	bekarī
Konditorei (f)	टॉफ़ी की दुकान (f)	tofī kī dukān
Lebensmittelladen (m)	परचून की दुकान (f)	parachūn kī dukān
Metzgerei (f)	गोश्त की दुकान (f)	gosht kī dukān
Gemüseladen (m)	सब्ज़ियों की दुकान (f)	sabziyon kī dukān
Markt (m)	बाज़ार (m)	bāzār
Friseursalon (m)	नाई की दुकान (f)	naī kī dukān
Post (f)	डाकघर (m)	dākaghar

chemische Reinigung (f)	ड्राइक्लीनर (m)	draiklīnar
Zirkus (m)	सर्कस (m)	sarkas
Zoo (m)	चिड़ियाघर (m)	chiriyāghar
Theater (n)	रंगमंच (m)	rangamanch
Kino (n)	सिनेमाघर (m)	sinemāghar
Museum (n)	संग्रहालय (m)	sangrahālay
Bibliothek (f)	पुस्तकालय (m)	pustakālay
Moschee (f)	मस्जिद (m)	masjid
Synagoge (f)	सीनागोग (m)	sīnāgog
Kathedrale (f)	गिरजाघर (m)	girajāghar
Tempel (m)	मंदिर (m)	mandir
Kirche (f)	गिरजाघर (m)	girajāghar
Institut (n)	कॉलेज (m)	kolej
Universität (f)	विश्वविद्यालय (m)	vishvavidyālay
Schule (f)	विद्यालय (m)	vidyālay
Hotel (n)	होटल (f)	hotal
Bank (f)	बैंक (m)	baink
Botschaft (f)	दूतावस (m)	dūtāvas
Reisebüro (n)	पर्यटन आफ़िस (m)	paryatan āfis
U-Bahn (f)	मेट्रो (m)	metro
Krankenhaus (n)	अस्पताल (m)	aspatāl
Tankstelle (f)	पेट्रोल पम्प (f)	petrol pamp
Parkplatz (m)	पार्किंग (f)	pārking
EINGANG	प्रवेश	pravesh
AUSGANG	निकास	nikās
DRÜCKEN	धक्का दें	dhakka den
ZIEHEN	खींचे	khīnche
GEÖFFNET	खुला	khula
GESCHLOSSEN	बंद	band
Denkmal (n)	स्मारक (m)	smārak
Festung (f)	किला (m)	kila
Palast (m)	भवन (m)	bhavan
mittelalterlich	मध्ययुगीय	madhayayugīy
alt (antik)	प्राचीन	prāchīn
national	राष्ट्रीय	rāshtrīy
berühmt	मशहूर	mashhūr

9. Geld. Finanzen

Geld (n)	पैसा (m pl)	paisa
Münze (f)	सिक्का (m)	sikka
Dollar (m)	डॉलर (m)	dolar
Euro (m)	यूरो (m)	yūro

Geldautomat (m)	एटीएम (m)	etīem
Wechselstube (f)	मुद्रालय (m)	mudrālay
Kurs (m)	विनिमय दर (m)	vinimay dar
Bargeld (n)	कैश (m pl)	kaish
Wie viel?	कितना?	kitana?
zahlen (vt)	दाम चुकाना	dām chukāna
Lohn (m)	भुगतान (m)	bhugatān
Wechselgeld (n)	चिल्लर (m)	chillar
Preis (m)	दाम (m)	dām
Rabatt (m)	डिस्काउन्ट (m)	diskaunt
billig	सस्ता	sasta
teuer	महंगा	mahanga
Bank (f)	बैंक (m)	baink
Konto (n)	बैंक खाता (m)	baink khāta
Kreditkarte (f)	क्रेडिट कार्ड (m)	kredit kārd
Scheck (m)	चेक (m)	chek
einen Scheck schreiben	चेक लिखना	chek likhana
Scheckbuch (n)	चेकबुक (f)	chekabuk
Schulden (pl)	कर्ज़ (m)	karz
Schuldner (m)	क़र्ज़दार (m)	qarzadār
leihen (vt)	कर्ज़ देना	karz dena
leihen, borgen (Geld usw.)	कर्ज़ लेना	karz lena
leihen, mieten (ein Auto usw.)	किराए पर लेना	kirae par lena
auf Kredit	क्रेडिट पर	kredit par
Geldtasche (f)	बटुआ (m)	batua
Safe (m)	लॉकर (m)	lokar
Erbschaft (f)	उत्तराधिकार (m)	uttarādhikār
Vermögen (n)	संपत्ति (f)	sampatti
Steuer (f)	टैक्स (m)	taiks
Geldstrafe (f)	जुर्माना (m)	jurmāna
bestrafen (vt)	जुर्माना लगाना	jurmāna lagāna
Großhandels-	थोक	thok
Einzelhandels-	खुदरा	khudara
versichern (vt)	बीमा करना	bīma karana
Versicherung (f)	बीमा (m)	bīma
Kapital (n)	पूँजी (f)	pūnjī
Umsatz (m)	कुल बिक्री (f)	kul bikrī
Aktie (f)	शेयर (f)	sheyar
Gewinn (m)	नफ़ा (m)	nafa
gewinnbringend	लाभदायक	lābhadāyak
Krise (f)	संकट (m)	sankat
Bankrott (m)	दिवाला (m)	divāla
Bankrott machen	दिवालिया हो जाना	divāliya ho jāna

Buchhalter (m)	लेखापाल (m)	lekhāpāl
Lohn (m)	आय (f)	āy
Prämie (f)	बोनस (m)	bonas

10. Transport

Bus (m)	बस (f)	bas
Straßenbahn (f)	ट्रैम (m)	traim
Obus (m)	ट्रॉलीबस (f)	trolības

mit … fahren	के माध्यम से जाना	ke mādhyam se jāna
einsteigen (vi)	सवार होना	savār hona
aussteigen (aus dem Bus)	उतरना	utarana

Haltestelle (f)	बस स्टॉप (m)	bas stop
Endhaltestelle (f)	अंतिम स्टेशन (m)	antim steshan
Fahrplan (m)	समय सारणी (f)	samay sāranī
Fahrkarte (f)	टिकट (m)	tikat
sich verspäten	देर हो जाना	der ho jāna

Taxi (n)	टैक्सी (m)	taiksī
mit dem Taxi	टैक्सी से (m)	taiksī se
Taxistand (m)	टैक्सी स्टैंड (m)	taiksī staind

Straßenverkehr (m)	यातायात (f)	yātāyāt
Hauptverkehrszeit (f)	भीड़ का समय (m)	bhīr ka samay
parken (vi)	पार्क करना	pārk karana

U-Bahn (f)	मेट्रो (m)	metro
Station (f)	स्टेशन (m)	steshan
Zug (m)	रेलगाड़ी, ट्रेन (f)	relagārī, tren
Bahnhof (m)	स्टेशन (m)	steshan
Schienen (pl)	पटरियाँ (f)	patariyān
Abteil (n)	डिब्बा (m)	dibba
Liegeplatz (m), Schlafkoje (f)	बर्थ (f)	barth

Flugzeug (n)	विमान (m)	vimān
Flugticket (n)	हवाई टिकट (m)	havaī tikat
Fluggesellschaft (f)	हवाई कम्पनी (f)	havaī kampanī
Flughafen (m)	हवाई अड्डा (m)	havaī adda

Flug (m)	उड़ान (m)	urān
Gepäck (n)	सामान (m)	sāmān
Kofferkuli (m)	सामान के लिये गाड़ी (f)	sāmān ke liye gārī

Schiff (n)	जहाज़ (m)	jahāz
Kreuzfahrtschiff (n)	लाइनर (m)	lainar
Jacht (f)	याख़्ट (m)	yākht
Boot (n)	नाव (m)	nāv
Kapitän (m)	कसान (m)	kaptān

| Kajüte (f) | कैबिन (m) | kaibin |
| Hafen (m) | बंदरगाह (m) | bandaragāh |

Fahrrad (n)	साइकिल (f)	saikil
Motorroller (m)	स्कूटर (m)	skūtar
Motorrad (n)	मोटरसाइकिल (f)	motarasaikil
Pedal (n)	पेडल (m)	pedal
Pumpe (f)	पंप (m)	pamp
Rad (n)	पहिया (m)	pahiya

Auto (n)	कार (f)	kār
Krankenwagen (m)	एम्बुलेंस (f)	embulens
Lastkraftwagen (m)	ट्रक (m)	trak
gebraucht	पुरानी (f)	purānī
Unfall (m)	दुर्घटना (f)	durghatana
Reparatur (f)	मरम्मत (f)	marammat

11. Essen. Teil 1

Fleisch (n)	गोश्त (m)	gosht
Hühnerfleisch (n)	चीकन (m)	chīkan
Ente (f)	बत्तख (f)	battakh

Schweinefleisch (n)	सुअर का गोश्त (m)	suar ka gosht
Kalbfleisch (n)	बछड़े का गोश्त (m)	bachhare ka gosht
Hammelfleisch (n)	भेड़ का गोश्त (m)	bher ka gosht
Rindfleisch (n)	गाय का गोश्त (m)	gāy ka gosht

Wurst (f)	सॉसेज (f)	sosej
Ei (n)	अंडा (m)	anda
Fisch (m)	मछली (f)	machhalī
Käse (m)	पनीर (m)	panīr
Zucker (m)	चीनी (f)	chīnī
Salz (n)	नमक (m)	namak

Reis (m)	चावल (m)	chāval
Teigwaren (pl)	पास्ता (m)	pāsta
Butter (f)	मक्खन (m)	makkhan
Pflanzenöl (n)	तेल (m)	tel
Brot (n)	ब्रेड (f)	bred
Schokolade (f)	चॉकलेट (m)	chokalet

Wein (m)	वाइन (f)	vain
Kaffee (m)	कॉफी (f)	kofī
Milch (f)	दूध (m)	dūdh
Saft (m)	रस (m)	ras
Bier (n)	बियर (m)	biyar
Tee (m)	चाय (f)	chāy
Tomate (f)	टमाटर (m)	tamātar
Gurke (f)	खीरा (m)	khīra

Karotte (f)	गाजर (f)	gājar
Kartoffel (f)	आलू (m)	ālū
Zwiebel (f)	प्याज़ (m)	pyāz
Knoblauch (m)	लहसुन (m)	lahasun
Kohl (m)	पत्ता गोभी (f)	patta gobhī
Rote Bete (f)	चुकन्दर (m)	chukandar
Aubergine (f)	बैंगन (m)	baingan
Dill (m)	सोआ (m)	soa
Kopf Salat (m)	सलाद पत्ता (m)	salād patta
Mais (m)	मकई (f)	makī
Frucht (f)	फल (m)	fal
Apfel (m)	सेब (m)	seb
Birne (f)	नाशपाती (f)	nāshapātī
Zitrone (f)	नींबू (m)	nīmbū
Apfelsine (f)	संतरा (m)	santara
Erdbeere (f)	स्ट्रॉबेरी (f)	stroberī
Pflaume (f)	आलूबुखारा (m)	ālūbukhāra
Himbeere (f)	रसभरी (f)	rasabharī
Ananas (f)	अनानास (m)	anānās
Banane (f)	केला (m)	kela
Wassermelone (f)	तरबूज़ (m)	tarabūz
Weintrauben (pl)	अंगूर (m)	angūr
Melone (f)	खरबूज़ा (f)	kharabūza

12. Essen. Teil 2

Küche (f)	व्यंजन (m)	vyanjan
Rezept (n)	रैसीपी (f)	raisīpī
Essen (n)	खाना (m)	khāna
frühstücken (vi)	नाश्ता करना	nāshta karana
zu Mittag essen	दोपहर का भोजन करना	dopahar ka bhojan karana
zu Abend essen	रात्रिभोज करना	rātribhoj karana
Geschmack (m)	स्वाद (m)	svād
lecker	स्वादिष्ट	svādisht
kalt	ठंडा	thanda
heiß	गरम	garam
süß	मीठा	mītha
salzig	नमकीन	namakīn
belegtes Brot (n)	सैन्डविच (m)	saindavich
Beilage (f)	साइड डिश (f)	said dish
Füllung (f)	फ़िलिंग (f)	filing
Soße (f)	चटनी (f)	chatanī
Stück (ein ~ Kuchen)	टुकड़ा (m)	tukara
Diät (f)	डाइट (m)	dait

Vitamin (n)	विटामिन (m)	vitāmin
Kalorie (f)	कैलोरी (f)	kailorī
Vegetarier (m)	शाकाहारी (m)	shākāhārī
Restaurant (n)	रेस्टराँ (m)	restarān
Kaffeehaus (n)	कॉफ़ी हाउस (m)	kofī haus
Appetit (m)	भूख (f)	bhūkh
Guten Appetit!	अपने भोजन का आनंद उठाएं!	apane bhojan ka ānand uthaen!
Kellner (m)	बैरा (m)	baira
Kellnerin (f)	बैरी (f)	bairī
Barmixer (m)	बारमैन (m)	bāramain
Speisekarte (f)	मेनू (m)	menū
Löffel (m)	चम्मच (m)	chammach
Messer (n)	छुरी (f)	chhurī
Gabel (f)	काँटा (m)	kānta
Tasse (eine ~ Tee)	प्याला (m)	pyāla
Teller (m)	तश्तरी (f)	tashtarī
Untertasse (f)	सॉसर (m)	sosar
Serviette (f)	नैपकीन (m)	naipakīn
Zahnstocher (m)	टूथपिक (m)	tūthapik
bestellen (vt)	आर्डर देना	ārdar dena
Gericht (n)	पकवान (m)	pakavān
Portion (f)	भाग (m)	bhāg
Vorspeise (f)	एपेटाइज़र (m)	epetaizar
Salat (m)	सलाद (m)	salād
Suppe (f)	सूप (m)	sūp
Nachtisch (m)	मीठा (m)	mītha
Konfitüre (f)	जैम (m)	jaim
Eis (n)	आईस-क्रीम (f)	āīs-krīm
Rechnung (f)	बिल (m)	bil
Rechnung bezahlen	बील का भुगतान करना	bīl ka bhugatān karana
Trinkgeld (n)	टिप (f)	tip

13. Haus. Wohnung. Teil 1

Haus (n)	मकान (m)	makān
Landhaus (n)	गाँव का मकान (m)	gānv ka makān
Villa (f)	बंगला (m)	bangala
Stock (m)	मंज़िल (f)	manzil
Eingang (m)	प्रवेश-द्वार (m)	pravesh-dvār
Wand (f)	दीवार (f)	dīvār
Dach (n)	छत (f)	chhat
Schlot (m)	चिमनी (f)	chimanī

Dachboden (m)	अटारी (f)	atārī
Fenster (n)	खिड़की (f)	khirakī
Fensterbrett (n)	विन्डो सिल (m)	vindo sil
Balkon (m)	बाल्कनी (f)	bālkanī
Treppe (f)	सीढ़ी (f)	sīrhī
Briefkasten (m)	लेटर बॉक्स (m)	letar boks
Müllkasten (m)	कचरे का डब्बा (m)	kachare ka dabba
Aufzug (m)	लिफ्ट (m)	lift
Elektrizität (f)	बिजली (f)	bijalī
Glühbirne (f)	बल्ब (m)	balb
Schalter (m)	स्विच (m)	svich
Steckdose (f)	सॉकेट (m)	soket
Sicherung (f)	फ्यूज़ (m)	fyūz
Tür (f)	दरवाज़ा (m)	daravāza
Griff (m)	हत्था (m)	hattha
Schlüssel (m)	चाबी (f)	chābī
Fußmatte (f)	पायदान (m)	pāyadān
Schloss (n)	ताला (m)	tāla
Türklingel (f)	घंटी (f)	ghantī
Klopfen (n)	खटखट (f)	khatakhat
anklopfen (vi)	खटखटाना	khatakhatāna
Türspion (m)	पीप होल (m)	pīp hol
Hof (m)	आंगन (m)	āngan
Garten (m)	बाग़ (m)	bāg
Schwimmbad (n)	तरण-ताल (m)	taran-tāl
Kraftraum (m)	व्यायाम कक्ष (m)	vyāyām kaksh
Tennisplatz (m)	टेनिस-कोर्ट (m)	tenis-kort
Garage (f)	गराज (m)	garāj
Privateigentum (n)	निजी सम्पत्ति (f)	nījī sampatti
Warnschild (n)	चेतावनी संकेत (m)	chetāvanī sanket
Bewachung (f)	सुरक्षा (f)	suraksha
Wächter (m)	पहरेदार (m)	paharedār
Renovierung (f)	नवीकरण (m)	navīkaran
renovieren (vt)	नवीकरण करना	navīkaran karana
in Ordnung bringen	ठीक करना	thīk karana
streichen (vt)	रंगना	rangana
Tapete (f)	वॉल-पैपर (m pl)	vol-paipar
lackieren (vt)	पॉलिश करना	polish karana
Rohr (n)	पाइप (f)	paip
Werkzeuge (pl)	औज़ार (m pl)	auzār
Keller (m)	तहख़ाना (m)	tahakhāna
Kanalisation (f)	मलप्रवाह-पद्धति (f)	malapravāh-paddhati

14. Haus. Wohnung. Teil 2

Wohnung (f)	फ़्लैट (f)	flait
Zimmer (n)	कमरा (m)	kamara
Schlafzimmer (n)	सोने का कमरा (m)	sone ka kamara
Esszimmer (n)	खाने का कमरा (m)	khāne ka kamara
Wohnzimmer (n)	बैठक (f)	baithak
Arbeitszimmer (n)	घरेलू कार्यालय (m)	gharelū kāryālay
Vorzimmer (n)	प्रवेश कक्ष (m)	pravesh kaksh
Badezimmer (n)	स्नानघर (m)	snānaghar
Toilette (f)	शौचालय (m)	shauchālay
Fußboden (m)	फ़र्श (m)	farsh
Decke (f)	छत (f)	chhat
Staub abwischen	धूल पोंछना	dhūl ponchhana
Staubsauger (m)	वैक्युम क्लीनर (m)	vaikyum klīnar
Staub saugen	वैक्यूम करना	vaikyūm karana
Schrubber (m)	पोंछा (m)	ponchha
Lappen (m)	डस्टर (m)	dastar
Besen (m)	झाड़ू (m)	jhārū
Kehrichtschaufel (f)	कूड़ा उठाने का तसला (m)	kūra uthāne ka tasala
Möbel (n)	फ़र्निचर (m)	farnichar
Tisch (m)	मेज़ (f)	mez
Stuhl (m)	कुर्सी (f)	kursī
Sessel (m)	हत्थे वाली कुर्सी (f)	hatthe vālī kursī
Bücherschrank (m)	किताबों की अलमारी (f)	kitābon kī alamārī
Regal (n)	शेल्फ़ (f)	shelf
Schrank (m)	कपड़ों की अलमारी (f)	kaparon kī alamārī
Spiegel (m)	आईना (m)	āīna
Teppich (m)	कालीन (m)	kālīn
Kamin (m)	चिमनी (f)	chimanī
Vorhänge (pl)	परदे (m pl)	parade
Tischlampe (f)	मेज़ का लैम्प (m)	mez ka laimp
Kronleuchter (m)	झूमर (m)	jhūmar
Küche (f)	रसोईघर (m)	rasoīghar
Gasherd (m)	गैस का चूल्हा (m)	gais ka chūlha
Elektroherd (m)	बिजली का चूल्हा (m)	bijalī ka chūlha
Mikrowellenherd (m)	माइक्रोवेव ओवन (m)	maikrovev ovan
Kühlschrank (m)	फ़्रिज (m)	frij
Tiefkühltruhe (f)	फ़्रीज़र (m)	frījar
Geschirrspülmaschine (f)	डिशवॉशर (m)	dishavoshar
Wasserhahn (m)	टोंटी (f)	tontī
Fleischwolf (m)	कीमा बनाने की मशीन (f)	kīma banāne kī mashīn
Saftpresse (f)	जूसर (m)	jūsar

| Toaster (m) | टोस्टर (m) | tostar |
| Mixer (m) | मिक्सर (m) | miksar |

Kaffeemaschine (f)	कॉफ़ी मशीन (f)	kofī mashīn
Wasserkessel (m)	केतली (f)	ketalī
Teekanne (f)	चायदानी (f)	chāyadānī

Fernseher (m)	टीवी सेट (m)	tīvī set
Videorekorder (m)	वीडियो टेप रिकार्डर (m)	vīdiyo tep rikārdar
Bügeleisen (n)	इस्तरी (f)	istarī
Telefon (n)	टेलीफ़ोन (m)	telīfon

15. Beschäftigung. Sozialstatus

Direktor (m)	निदेशक (m)	nideshak
Vorgesetzte (m)	वरिष्ठ अधिकारी (m)	varishth adhikārī
Präsident (m)	अध्यक्ष (m)	adhyaksh
Helfer (m)	सहायक (m)	sahāyak
Sekretär (m)	सेक्रटरी (f)	sekratarī

Besitzer (m)	मालिक (m)	mālik
Partner (m)	पार्टनर (m)	pārtanar
Aktionär (m)	शेयर होलडर (m)	sheyar holadar

Geschäftsmann (m)	व्यापारी (m)	vyāpārī
Millionär (m)	लखपति (m)	lakhapati
Milliardär (m)	करोड़पति (m)	karorapati

Schauspieler (m)	अभिनेता (m)	abhineta
Architekt (m)	वास्तुकार (m)	vāstukār
Bankier (m)	बैंकर (m)	bainkar
Makler (m)	ब्रोकर (m)	brokar
Tierarzt (m)	पशुचिकित्सक (m)	pashuchikitsak
Arzt (m)	चिकित्सक (m)	chikitsak
Zimmermädchen (n)	चैम्बरमेड (f)	chaimbaramed
Designer (m)	डिज़ाइनर (m)	dizainar
Korrespondent (m)	पत्रकार (m)	patrakār
Ausfahrer (m)	कूरियर (m)	kūriyar

Elektriker (m)	बिजलीवाला (m)	bijalīvāla
Musiker (m)	साज़िन्दा (m)	sāzinda
Kinderfrau (f)	दाई (f)	daī
Friseur (m)	नाई (m)	naī
Hirt (m)	चरवाहा (m)	charavāha

Sänger (m)	गायक (m)	gāyak
Übersetzer (m)	अनुवादक (m)	anuvādak
Schriftsteller (m)	लेखक (m)	lekhak
Zimmermann (m)	बढ़ई (m)	barhī
Koch (m)	बावरची (m)	bāvarachī

Feuerwehrmann (m)	दमकल कर्मचारी (m)	damakal karmachārī
Polizist (m)	पुलिसवाला (m)	pulisavāla
Briefträger (m)	डाकिया (m)	dākiya
Programmierer (m)	प्रोग्रामर (m)	progrāmar
Verkäufer (m)	विक्रेता (m)	vikreta
Arbeiter (m)	मज़दूर (m)	mazadūr
Gärtner (m)	माली (m)	mālī
Klempner (m)	प्लम्बर (m)	plambar
Zahnarzt (m)	दंतचिकित्सक (m)	dantachikitsak
Flugbegleiterin (f)	एयर होस्टेस (f)	eyar hostes
Tänzer (m)	नर्तक (m)	nartak
Leibwächter (m)	अंगरक्षक (m)	angarakshak
Wissenschaftler (m)	वैज्ञानिक (m)	vaigyānik
Lehrer (m)	शिक्षक (m)	shikshak
Farmer (m)	किसान (m)	kisān
Chirurg (m)	शल्य-चिकित्सक (m)	shaly-chikitsak
Bergarbeiter (m)	खनिक (m)	khanik
Chefkoch (m)	मुख्य बावरची (m)	mukhy bāvarachī
Fahrer (m)	ड्राइवर (m)	draivar

16. Sport

Sportart (f)	खेल (m)	khel
Fußball (m)	फ़ुटबॉल (f)	futabol
Eishockey (n)	हॉकी (f)	hokī
Basketball (m)	बास्केटबॉल (f)	bāsketabol
Baseball (m, n)	बेसबॉल (f)	besabol
Volleyball (m)	वॉलीबॉल (f)	volībol
Boxen (n)	मुक्केबाज़ी (f)	mukkebāzī
Ringen (n)	कुश्ती (m)	kushtī
Tennis (n)	टेनिस (m)	tenis
Schwimmen (n)	तैराकी (m)	tairākī
Schach (n)	शतरंज (m)	shataranj
Lauf (m)	दौड़ (f)	daur
Leichtathletik (f)	एथलेटिक्स (f)	ethaletiks
Eiskunstlauf (m)	फ़ीगर स्केटिन्ग (m)	fīgar sketing
Radfahren (n)	साइकिलिंग (f)	saikiling
Billard (n)	बिलियर्ड्स (m)	biliyards
Bodybuilding (n)	बॉडीबिल्डिंग (m)	bodībilding
Golf (n)	गोल्फ़ (m)	golf
Tauchen (n)	स्कूबा डाइविंग (f)	skūba daiving
Segelsport (m)	पाल नौकायन (m)	pāl naukāyan
Bogenschießen (n)	तीरंदाज़ी (f)	tīrandāzī
Halbzeit (f)	हाफ़ (m)	hāf

Halbzeit (f), Pause (f)	हाफ़ टाइम (m)	häf taim
Unentschieden (n)	टाई (m)	taī
unentschieden spielen	टाई करना	taī karana
Laufband (n)	ट्रेडमिल (f)	tredamil
Spieler (m)	खिलाड़ी (m)	khilāṛī
Ersatzspieler (m)	रिज़र्व-खिलाड़ी (m)	rizarv-khilāṛī
Ersatzbank (f)	सब्सचिट्यूट बेंच (f)	sabsachityūt bench
Spiel (n)	मैच (m)	maich
Tor (n)	गोल (m)	gol
Torwart (m)	गोलची (m)	golachī
Tor (n)	गोल (m)	gol
Olympische Spiele (pl)	ओलिम्पिक खेल (m pl)	olimpik khel
einen Rekord aufstellen	रिकॉर्ड बनाना	rikord banāna
Finale (n)	फ़ाइनल (m)	fainal
Meister (m)	चेम्पियन (m)	chempiyan
Meisterschaft (f)	चैम्पियनशिप (f)	chaimpiyanaship
Sieger (m)	विजेता (m)	vijeta
Sieg (m)	विजय (m)	vijay
gewinnen (Sieger sein)	जीतना	jītana
verlieren (vt)	हारना	hārana
Medaille (f)	मेडल (m)	medal
der erste Platz	पहला स्थान (m)	pahala sthān
der zweite Platz	दूसरा स्थान (m)	dūsara sthān
der dritte Platz	तीसरा स्थान (m)	tīsara sthān
Stadion (n)	स्टेडियम (m)	stediyam
Fan (m)	फ़ैन (m)	fain
Trainer (m)	प्रशिक्षक (m)	prashikshak
Training (n)	प्रशिक्षण (f)	prashikshan

17. Fremdsprachen. Orthografie

Sprache (f)	भाषा (f)	bhāsha
studieren (z.B. Jura ~)	पढ़ना	parhana
Aussprache (f)	उच्चारण (m)	uchchāran
Akzent (m)	लहज़ा (m)	lahaza
Substantiv (n)	संज्ञा (f)	sangya
Adjektiv (n)	विशेषण (m)	visheshan
Verb (n)	क्रिया (m)	kriya
Adverb (n)	क्रिया विशेषण (f)	kriya visheshan
Pronomen (n)	सर्वनाम (m)	sarvanām
Interjektion (f)	विस्मयादिबोधक (m)	vismayādibodhak
Präposition (f)	पूर्वसर्ग (m)	pūrvasarg

Wurzel (f)	मूल शब्द (m)	mūl shabd
Endung (f)	अन्त्याक्षर (m)	antyākshar
Vorsilbe (f)	उपसर्ग (m)	upasarg
Silbe (f)	अक्षर (m)	akshar
Suffix (n), Nachsilbe (f)	प्रत्यय (m)	pratyay
Betonung (f)	बल चिह्न (m)	bal chihn
Punkt (m)	पूर्णविराम (m)	pūrnavirām
Komma (n)	उपविराम (m)	upavirām
Doppelpunkt (m)	कोलन (m)	kolan
Auslassungspunkte (pl)	तीन बिन्दु (m)	tīn bindu
Frage (f)	प्रश्न (m)	prashn
Fragezeichen (n)	प्रश्न चिह्न (m)	prashn chihn
Ausrufezeichen (n)	विस्मयादिबोधक चिह्न (m)	vismayādibodhak chihn
in Anführungszeichen	उद्धरण चिह्न में	uddharan chihn men
in Klammern	कोष्ठक में	koshthak men
Buchstabe (m)	अक्षर (m)	akshar
Großbuchstabe (m)	बड़ा अक्षर (m)	bara akshar
Satz (m)	वाक्य (m)	vāky
Wortverbindung (f)	शब्दों का समूह (m)	shabdon ka samūh
Redensart (f)	अभिव्यक्ति (f)	abhivyakti
Subjekt (n)	कर्ता (m)	kartta
Prädikat (n)	विधेय (m)	vidhey
Zeile (f)	पंक्ति (f)	pankti
Absatz (m)	अनुच्छेद (m)	anuchchhed
Synonym (n)	समनार्थक शब्द (m)	samanārthak shabd
Antonym (n)	विपरीतार्थी शब्द (m)	viparītārthī shabd
Ausnahme (f)	अपवाद (m)	apavād
unterstreichen (vt)	रेखांकित करना	rekhānkit karana
Regeln (pl)	नियम (m pl)	niyam
Grammatik (f)	व्याकरण (m)	vyākaran
Vokabular (n)	शब्दावली (f)	shabdāvalī
Phonetik (f)	स्वरविज्ञान (m)	svaravigyān
Alphabet (n)	वर्णमाला (f)	varnamāla
Lehrbuch (n)	पाठ्यपुस्तक (f)	pāthyapustak
Wörterbuch (n)	शब्दकोश (m)	shabdakosh
Sprachführer (m)	वार्तालाप-पुस्तिका (f)	vārttālāp-pustika
Wort (n)	शब्द (m)	shabd
Bedeutung (f)	मतलब (m)	matalab
Gedächtnis (n)	स्मृति (f)	smrti

18. Die Erde. Geografie

Erde (f)	पृथ्वी (f)	prthvī
Erdkugel (f)	गोला (m)	gola
Planet (m)	ग्रह (m)	grah
Geographie (f)	भूगोल (m)	bhūgol
Natur (f)	प्रकृति (f)	prakrti
Landkarte (f)	नक्शा (m)	naksha
Atlas (m)	मानचित्रावली (f)	mānachitrāvalī
im Norden	उत्तर में	uttar men
im Süden	दक्षिण में	dakshin men
im Westen	पश्चिम में	pashchim men
im Osten	पूर्व में	pūrv men
Meer (n), See (f)	सागर (m)	sāgar
Ozean (m)	महासागर (m)	mahāsāgar
Golf (m)	खाड़ी (f)	khārī
Meerenge (f)	जलग्रीवा (m)	jalagrīva
Kontinent (m)	महाद्वीप (m)	mahādvīp
Insel (f)	द्वीप (m)	dvīp
Halbinsel (f)	प्रायद्वीप (m)	prāyadvīp
Archipel (m)	द्वीप समूह (m)	dvīp samūh
Hafen (m)	बंदरगाह (m)	bandaragāh
Korallenriff (n)	प्रवाल रीफ़ (m)	pravāl rīf
Ufer (n)	किनारा (m)	kināra
Küste (f)	तटबंध (m)	tatabandh
Flut (f)	ज्वार (m)	jvār
Ebbe (f)	भाटा (m)	bhāta
Breite (f)	अक्षांश (m)	akshānsh
Länge (f)	देशान्तर (m)	deshāntar
Breitenkreis (m)	समांतर-रेखा (f)	samāntar-rekha
Äquator (m)	भूमध्य रेखा (f)	bhūmadhy rekha
Himmel (m)	आकाश (f)	ākāsh
Horizont (m)	क्षितिज (m)	kshitij
Atmosphäre (f)	वातावरण (m)	vātāvaran
Berg (m)	पहाड़ (m)	pahār
Gipfel (m)	चोटी (f)	chotī
Fels (m)	शिला (f)	shila
Hügel (m)	टीला (m)	tīla
Vulkan (m)	ज्वालामुखी (m)	jvālāmukhī
Gletscher (m)	हिमनद (m)	himanad
Wasserfall (m)	झरना (m)	jharana

Ebene (f)	समतल प्रदेश (m)	samatal pradesh
Fluss (m)	नदी (f)	nadī
Quelle (f)	झरना (m)	jharana
Ufer (n)	तट (m)	tat
stromabwärts	बहाव के साथ	bahāv ke sāth
stromaufwärts	बहाव के विरुद्ध	bahāv ke virūddh

See (m)	तालाब (m)	tālāb
Damm (m)	बांध (m)	bāndh
Kanal (m)	नहर (f)	nahar
Sumpf (m), Moor (n)	दलदल (f)	daladal
Eis (n)	बर्फ़ (m)	barf

19. Länder. Teil 1

Europa (n)	यूरोप (m)	yūrop
Europäische Union (f)	यूरोपीय संघ (m)	yūropīy sangh
Europäer (m)	यरोपीय (m)	yaropīy
europäisch	यरोपीय	yaropīy

Österreich	ऑस्ट्रिया (m)	ostriya
Großbritannien	ग्रेट ब्रिटेन (m)	gret briten
England	इंग्लैंड (m)	inglaind
Belgien	बेल्जियम (m)	beljiyam
Deutschland	जर्मन (m)	jarman

Niederlande (f)	नीदरलैंड्स (m)	nīdaralainds
Holland (n)	हॉलैंड (m)	holaind
Griechenland	ग्रीस (m)	grīs
Dänemark	डेन्मार्क (m)	denmārk
Irland	आयरलैंड (m)	āyaralaind

Island	आयसलैंड (m)	āyasalaind
Spanien	स्पेन (m)	spen
Italien	इटली (m)	italī
Zypern	साइप्रस (m)	saipras
Malta	माल्टा (m)	mālta

Norwegen	नार्वे (m)	nārve
Portugal	पुर्तगाल (m)	purtagāl
Finnland	फ़िनलैंड (m)	finalaind
Frankreich	फ्रांस (m)	frāns
Schweden	स्वीडन (m)	svīdan

Schweiz (f)	स्विट्ज़रलैंड (m)	svitzaralaind
Schottland	स्कॉटलैंड (m)	skotalaind
Vatikan (m)	वेटिकन (m)	vetikan
Liechtenstein	लिकटेंस्टीन (m)	likatenstīn
Luxemburg	लक्ज़मबर्ग (m)	lakzamabarg
Monaco	मोनाको (m)	monāko

Albanien	अल्बानिया (m)	albāniya
Bulgarien	बुल्गारिया (m)	bulgāriya
Ungarn	हंगरी (m)	hangarī
Lettland	लाटविया (m)	lātaviya

Litauen	लिथुआनिया (m)	lithuāniya
Polen	पोलैंड (m)	polaind
Rumänien	रोमानिया (m)	romāniya
Serbien	सर्बिया (m)	sarbiya
Slowakei (f)	स्लोवाकिया (m)	slovākiya

Kroatien	क्रोएशिया (m)	kroeshiya
Tschechien	चेक गणतंत्र (m)	chek ganatantr
Estland	एस्तोनिया (m)	estoniya
Bosnien und Herzegowina	बोस्निया और हर्ज़ेगोविना	bosniya aur harzegovina
Makedonien	मेसेडोनिया (m)	mesedoniya

Slowenien	स्लोवेनिया (m)	sloveniya
Montenegro	मोंटेनेग्रो (m)	montenegro
Weißrussland	बेलारूस (m)	belārūs
Moldawien	मोलदोवा (m)	moladova
Russland	रूस (m)	rūs
Ukraine (f)	यूक्रेन (m)	yūkren

20. Länder. Teil 2

Asien	एशिया (f)	eshiya
Vietnam	वियतनाम (m)	viyatanām
Indien	भारत (m)	bhārat
Israel	इस्रायल (m)	isrāyal
China	चीन (m)	chīn

Libanon (m)	लेबनान (m)	lebanān
Mongolei (f)	मंगोलिया (m)	mangoliya
Malaysia	मलेशिया (m)	maleshiya
Pakistan	पाकिस्तान (m)	pākistān
Saudi-Arabien	सऊदी अरब (m)	saūdī arab

Thailand	थाईलैंड (m)	thaīlaind
Taiwan	ताइवान (m)	taivān
Türkei (f)	तुर्की (m)	turkī
Japan	जापान (m)	jāpān
Afghanistan	अफ़ग़ानिस्तान (m)	afagānistān

Bangladesch	बांग्लादेश (m)	bānglādesh
Indonesien	इण्डोनेशिया (m)	indoneshiya
Jordanien	जॉर्डन (m)	jordan
Irak	इराक़ (m)	irāq
Iran	इरान (m)	irān
Kambodscha	कम्बोडिया (m)	kambodiya

Kuwait	कुवैत (m)	kuvait
Laos	लाओस (m)	laos
Myanmar	म्यांमर (m)	myãmmar
Nepal	नेपाल (m)	nepāl

Vereinigten Arabischen Emirate	संयुक्त अरब अमीरात (m)	sanyukt arab amīrāt
Syrien	सीरिया (m)	sīriya
Palästina	फिलिस्तीन (m)	filistīn
Südkorea	दक्षिण कोरिया (m)	dakshin koriya
Nordkorea	उत्तर कोरिया (m)	uttar koriya

Die Vereinigten Staaten	संयुक्त राज्य अमरीका (m)	sanyukt rājy amarīka
Kanada	कनाडा (m)	kanāda
Mexiko	मेक्सिको (m)	meksiko
Argentinien	अर्जेंटीना (m)	arjentīna
Brasilien	ब्राज़ील (m)	brāzīl

Kolumbien	कोलम्बिया (m)	kolambiya
Kuba	क्यूबा (m)	kyūba
Chile	चिली (m)	chilī
Venezuela	वेनेज़ुएला (m)	venezuela
Ecuador	इक्वेडोर (m)	ikvedor

Die Bahamas	बहामा (m)	bahāma
Panama	पनामा (m)	panāma
Ägypten	मिस्र (m)	misr
Marokko	मोरक्को (m)	morakko
Tunesien	ट्युनीसिया (m)	tyunīsiya

Kenia	केन्या (m)	kenya
Libyen	लीबिया (m)	lībiya
Republik Südafrika	दक्षिण अफ़्रीका (m)	dakshin afrīka
Australien	आस्ट्रेलिया (m)	āstreliya
Neuseeland	न्यू ज़ीलैंड (m)	nyū zīlaind

21. Wetter. Naturkatastrophen

Wetter (n)	मौसम (m)	mausam
Wetterbericht (m)	मौसम का पूर्वानुमान (m)	mausam ka pūrvānumān
Temperatur (f)	तापमान (m)	tāpamān
Thermometer (n)	थर्मामीटर (m)	tharmāmītar
Barometer (n)	बैरोमीटर (m)	bairomītar

Sonne (f)	सूरज (m)	sūraj
scheinen (vi)	चमकना	chamakana
sonnig (Adj)	धूपदार	dhūpadār
aufgehen (vi)	उगना	ugana
untergehen (vi)	डूबना	dūbana
Regen (m)	बारिश (f)	bārish

Es regnet	बारिश हो रही है	bārish ho rahī hai
strömender Regen (m)	मूसलधार बारिश (f)	mūsaladhār bārish
Regenwolke (f)	घना बादल (m)	ghana bādal
Pfütze (f)	पोखर (m)	pokhar
nass werden (vi)	भीगना	bhīgana
Gewitter (n)	गरजवाला तुफान (m)	garajavāla tufān
Blitz (m)	बिजली (m)	bijalī
blitzen (vi)	चमकना	chamakana
Donner (m)	गरज (m)	garaj
Es donnert	बादल गरज रहा है	bādal garaj raha hai
Hagel (m)	ओला (m)	ola
Es hagelt	ओले पड़ रहे हैं	ole par rahe hain
Hitze (f)	गरमी (f)	garamī
ist heiß	गरमी है	garamī hai
ist warm	गरम है	garam hai
ist kalt	ठंडक है	thandak hai
Nebel (m)	कुहरा (m)	kuhara
neblig (-er Tag)	कुहरेदार	kuharedār
Wolke (f)	बादल (m)	bādal
bewölkt, wolkig	मेघाच्छादित	meghāchchhādit
Feuchtigkeit (f)	नमी (f)	namī
Schnee (m)	बर्फ़ (f)	barf
Es schneit	बर्फ़ पड़ रही है	barf par rahī hai
Frost (m)	पाला (m)	pāla
unter Null	शून्य से नीचे	shūny se nīche
Reif (m)	पाला (m)	pāla
Unwetter (n)	ख़राब मौसम (m)	kharāb mausam
Katastrophe (f)	प्रलय (m)	pralay
Überschwemmung (f)	बाढ़ (f)	bārh
Lawine (f)	हिमस्खलन (m)	himaskhalan
Erdbeben (n)	भूकंप (m)	bhūkamp
Erschütterung (f)	झटका (m)	jhataka
Epizentrum (n)	अधिकेंद्र (m)	adhikendr
Ausbruch (m)	उद्गार (m)	udgār
Lava (f)	लावा (m)	lāva
Tornado (m)	टोर्नेडो (m)	tornedo
Wirbelsturm (m)	बवंडर (m)	bavandar
Orkan (m)	समुद्री तूफान (m)	samudrī tūfān
Tsunami (m)	सुनामी (f)	sunāmī
Zyklon (m)	चक्रवात (m)	chakravāt

22. Tiere. Teil 1

Tier (n)	जानवर (m)	jānavar
Raubtier (n)	परभक्षी (m)	parabhakshī

Tiger (m)	बाघ (m)	bāgh
Löwe (m)	शेर (m)	sher
Wolf (m)	भेड़िया (m)	bheriya
Fuchs (m)	लोमड़ी (f)	lomri
Jaguar (m)	जागुआर (m)	jāguār

Luchs (m)	वन बिलाव (m)	van bilāv
Kojote (m)	कोयोट (m)	koyot
Schakal (m)	गीदड़ (m)	gīdar
Hyäne (f)	लकड़बग्घा (m)	lakarabaggha

Eichhörnchen (n)	गिलहरी (f)	gilaharī
Igel (m)	कांटा-चूहा (m)	kānta-chūha
Kaninchen (n)	खरगोश (m)	kharagosh
Waschbär (m)	रैकून (m)	raikūn

Hamster (m)	हैम्स्टर (m)	haimstar
Maulwurf (m)	छछूंदर (m)	chhachhūndar
Maus (f)	चूहा (m)	chūha
Ratte (f)	घूस (m)	ghūs
Fledermaus (f)	चमगादड़ (m)	chamagādar

Biber (m)	ऊदबिलाव (m)	ūdabilāv
Pferd (n)	घोड़ा (m)	ghora
Hirsch (m)	हिरण (m)	hiran
Kamel (n)	ऊंट (m)	ūnt
Zebra (n)	ज़ेबरा (m)	zebara

Wal (m)	ह्वेल (f)	hvel
Seehund (m)	सील (m)	sīl
Walroß (n)	वॉलरस (m)	volaras
Delfin (m)	डॉलफ़िन (f)	dolafin

Bär (m)	रीछ (m)	rīchh
Affe (m)	बंदर (m)	bandar
Elefant (m)	हाथी (m)	hāthī
Nashorn (n)	गैंडा (m)	gainda
Giraffe (f)	जिराफ़ (m)	jirāf

Flusspferd (n)	दरियाई घोड़ा (m)	dariyaī ghora
Känguru (n)	कंगारू (m)	kangārū
Katze (f)	बिल्ली (f)	billī
Hund (m)	कुत्ता (m)	kutta

Kuh (f)	गाय (f)	gāy
Stier (m)	बैल (m)	bail
Schaf (n)	भेड़ (f)	bher
Ziege (f)	बकरी (f)	bakarī

Esel (m)	गधा (m)	gadha
Schwein (n)	सुअर (m)	suar
Huhn (n)	मुर्गी (f)	murgī

Hahn (m)	मुर्गा (m)	murga
Ente (f)	बतख़ (f)	battakh
Gans (f)	हंस (m)	hans
Pute (f)	टर्की (f)	tarkī
Schäferhund (m)	गड़रिये का कुत्ता (m)	garariye ka kutta

23. Tiere. Teil 2

Vogel (m)	चिड़िया (f)	chiriya
Taube (f)	कबूतर (m)	kabūtar
Spatz (m)	गौरैया (f)	gauraiya
Meise (f)	टिटरी (f)	titarī
Elster (f)	नीलकण्ठ पक्षी (f)	nīlakanth pakshī

Adler (m)	चील (f)	chīl
Habicht (m)	बाज़ (m)	bāz
Falke (m)	बाज़ (m)	bāz

Schwan (m)	राजहंस (m)	rājahans
Kranich (m)	सारस (m)	sāras
Storch (m)	लकलक (m)	lakalak
Papagei (m)	तोता (m)	tota
Pfau (m)	मोर (m)	mor
Strauß (m)	शुतुरमुर्ग (m)	shuturamurg

Reiher (m)	बगुला (m)	bagula
Nachtigall (f)	बुलबुल (m)	bulabul
Schwalbe (f)	अबाबील (f)	abābīl
Specht (m)	कठफोड़ा (m)	kathafora
Kuckuck (m)	कोयल (f)	koyal
Eule (f)	उल्लू (m)	ullū

Pinguin (m)	पेंगुइन (m)	penguin
Tunfisch (m)	ट्ना (f)	tūna
Forelle (f)	ट्राउट (f)	traut
Aal (m)	सर्पमीन (f)	sarpamīn

Hai (m)	शार्क (f)	shārk
Krabbe (f)	केकड़ा (m)	kekara
Meduse (f)	जेली फ़िश (f)	jelī fish
Krake (m)	आक्टोपस (m)	āktopas

Seestern (m)	स्टार फ़िश (f)	stār fish
Seeigel (m)	जलसाही (f)	jalasāhī
Seepferdchen (n)	समुद्री घोड़ा (m)	samudrī ghora
Garnele (f)	झींगा (f)	jhīnga

Schlange (f)	सर्प (m)	sarp
Viper (f)	वाइपर (m)	vaipar
Eidechse (f)	छिपकली (f)	chhipakalī

Leguan (m)	इग्यूएना (m)	igyūena
Chamäleon (n)	गिरगिट (m)	giragit
Skorpion (m)	वृश्चिक (m)	vrshchik

Schildkröte (f)	कछुआ (m)	kachhua
Frosch (m)	मेंढक (m)	mendhak
Krokodil (n)	मगर (m)	magar
Insekt (n)	कीट (m)	kīt
Schmetterling (m)	तितली (f)	titalī
Ameise (f)	चींटी (f)	chīntī
Fliege (f)	मक्खी (f)	makkhī

Mücke (f)	मच्छर (m)	machchhar
Käfer (m)	भृंग (m)	bhrng
Biene (f)	मधुमक्खी (f)	madhumakkhī
Spinne (f)	मकड़ी (f)	makarī
Marienkäfer (m)	सोनपंखी (f)	sonapankhī

24. Flora. Bäume

Baum (m)	पेड़ (m)	per
Birke (f)	सनोबर का पेड़ (m)	sanobar ka per
Eiche (f)	बलूत (m)	balūt
Linde (f)	लिनडेन वृक्ष (m)	linaden vrksh
Espe (f)	आस्पेन वृक्ष (m)	āspen vrksh

Ahorn (m)	मेपल (m)	mepal
Fichte (f)	फर का पेड़ (m)	far ka per
Kiefer (f)	देवदार (m)	devadār
Zeder (f)	देवदर (m)	devadar

Pappel (f)	पोप्लर वृक्ष (m)	poplar vrksh
Vogelbeerbaum (m)	रोवाण (m)	rovān
Buche (f)	बीच (m)	bīch
Ulme (f)	एल्म वृक्ष (m)	elm vrksh

Esche (f)	एश-वृक्ष (m)	esh-vrksh
Kastanie (f)	चेस्टनट (m)	chestanat
Palme (f)	ताड़ का पेड़ (m)	tār ka per
Strauch (m)	झाड़ी (f)	jhārī

Pilz (m)	गगन-धूलि (f)	gagan-dhūli
Giftpilz (m)	ज़हरीली गगन-धूलि (f)	zaharīlī gagan-dhūli
Steinpilz (m)	सफ़ेद गगन-धूलि (f)	safed gagan-dhūli
Täubling (m)	रसुला (f)	rasula
Fliegenpilz (m)	फ्लाई ऐगेरिक (f)	flaī aigerik
Grüner Knollenblätterpilz	डेथ कैप (f)	deth kaip

| Blume (f) | फूल (m) | fūl |
| Blumenstrauß (m) | गुलदस्ता (m) | guladasta |

Rose (f)	गुलाब (f)	gulāb
Tulpe (f)	ट्यूलिप (m)	tyūlip
Nelke (f)	गुलनार (m)	gulanār

Kamille (f)	कैमोमाइल (m)	kaimomail
Kaktus (m)	कैक्टस (m)	kaiktas
Maiglöckchen (n)	कामुदिनी (f)	kāmudinī
Schneeglöckchen (n)	सफ़ेद फूल (m)	safed fūl
Seerose (f)	कुमुदिनी (f)	kumudinī

Gewächshaus (n)	शीशाघर (m)	shīshāghar
Rasen (m)	घास का मैदान (m)	ghās ka maidān
Blumenbeet (n)	फुलवारी (f)	fulavārī

Pflanze (f)	पौधा (m)	paudha
Gras (n)	घास (f)	ghās
Blatt (n)	पत्ती (f)	pattī
Blütenblatt (n)	पंखड़ी (f)	pankharī
Stiel (m)	डंडी (f)	dandī
Jungpflanze (f)	अंकुर (m)	ankur

Getreidepflanzen (pl)	अनाज की फ़सलें (m pl)	anāj kī fasalen
Weizen (m)	गेहूं (m)	gehūn
Roggen (m)	रई (f)	raī
Hafer (m)	जई (f)	jaī

Hirse (f)	बाजरा (m)	bājara
Gerste (f)	जौ (m)	jau
Mais (m)	मक्का (m)	makka
Reis (m)	चावल (m)	chāval

25. Verschiedene nützliche Wörter

Anfang (m)	शुरू (m)	shurū
Anstrengung (f)	प्रयत्न (m)	prayatn
Anteil (m)	भाग (m)	bhāg
Art (Typ, Sorte)	प्रकार (m)	prakār
Auswahl (f)	चुनाव (m)	chunāv

Basis (f)	आधार (m)	ādhār
Beispiel (n)	उदाहरण (m)	udāharan
Bilanz (f)	संतुलन (m)	santulan
dringend (Adj)	अत्यावश्यक	atyāvashyak
Effekt (m)	प्रभाव (m)	prabhāv

Eigenschaft (Werkstoff~)	गुण (m)	gun
Element (n)	तत्व (m)	tatv
Entwicklung (f)	विकास (m)	vikās
Fachwort (n)	पारिभाषिक शब्द (m)	pāribhāshik shabd
Fehler (m)	ग़लती (f)	galatī

Form (z.B. Kugel-)	रूप (m)	rūp
Fortschritt (m)	उन्नति (f)	unnati
Geheimnis (n)	रहस्य (m)	rahasy
Grad (Ausmaß)	मात्रा (f)	mātra

Halt (m), Pause (f)	विराम (m)	virām
Hilfe (f)	सहायता (f)	sahāyata
Ideal (n)	आदर्श (m)	ādarsh
Kategorie (f)	श्रेणी (f)	shrenī
Lösung (Problem usw.)	हल (m)	hal

Moment (m)	पल (m)	pal
Nutzen (m)	उपयोग (m)	upayog
Pause (kleine ~)	विराम (m)	virām
Position (f)	स्थिति (f)	sthiti
Problem (n)	समस्या (f)	samasya

Prozess (m)	प्रक्रिया (f)	prakriya
Reaktion (f)	प्रतिक्रिया (f)	pratikriya
Reihe	बारी (f)	bārī
(Sie sind an der ~)		
Risiko (n)	जोखिम (m)	jokhim
Serie (f)	श्रृंखला (f)	shrrnkhala

Situation (f)	स्थिति (f)	sthiti
Standard-	मानक	mānak
Stil (m)	शैली (f)	shailī
Hindernis (n)	अवरोध (m)	avarodh
System (n)	प्रणाली (f)	pranālī

Tabelle (f)	सारणी (f)	sāranī
Tatsache (f)	तथ्य (m)	tathy
Tempo (n)	गति (f)	gati
Unterschied (m)	फ़र्क़ (m)	fark
Variante (f)	विकल्प (m)	vikalp

Vergleich (m)	तुलना (f)	tulana
Wahrheit (f)	सच (m)	sach
Weise (Weg, Methode)	तरीका (m)	tarīka
Zone (f)	क्षेत्र (m)	kshetr
Zufall (m)	समकालीनता (f)	samakālīnata

26. Adjektive. Teil 1

ähnlich	मिलता-जुलता	milata-julata
alt (z.B. die -en Griechen)	प्राचीन	prāchīn
alt, betagt	पुराना	purāna
andauernd	दीर्घकालिक	dīrghakālik
arm	गरीब	garīb
ausgezeichnet	उत्तम	uttam

Außen-, äußer	बाहरी	bāharī
bitter	कड़वा	karava
blind	अंधा	andha
der letzte	आख़िरी	ākhirī

dicht (-er Nebel)	घना	ghana
dumm	बेवक़ूफ़	bevakūf
einfach (Problem usw.)	आसान	āsān
eng, schmal (Straße usw.)	तंग	tang
ergänzend	अतिरिक्त	atirikt

flüssig	तरल	taral
fruchtbar (-er Böden)	उपजाऊ	upajaū
gebraucht	इस्तेमाल किया हुआ	istemāl kiya hua
gebräunt (sonnen-)	सांवला	sānvala
gefährlich	खतरनाक	khataranāk

gegensätzlich	उल्टा	ulta
genau, pünktlich	ठीक	thīk
gerade, direkt	सीधा	sīdha
geräumig (Raum)	विस्तृत	vistrt
gesetzlich	कानूनी	kānūnī

gewöhnlich	आम	ām
glatt (z.B. poliert)	समतल	samatal
glücklich	प्रसन्न	prasann
groß	बड़ा	bara
hart (harter Stahl)	कड़ा	kara

Haupt-	मुख्य	mukhy
hauptsächlich	मूल	mūl
Heimat-	देसी	desī
höflich	विनम्र	vinamr
innen-	आंतरिक	āntarik

Kinder-	बच्चों का	bachchon ka
klein	छोटा	chhota
klug, clever	बुद्धिमान	buddhimān
kompatibel	अनुकूल	anukūl
kostenlos, gratis	मुफ़्त	muft

krank	बीमार	bīmār
künstlich	कृत्रिम	krtrim
kurz (räumlich)	छोटा	chhota
lang (langwierig)	लंबा	lamba
laut (-e Stimme)	ऊंचा	ūncha

lecker	मज़ेदार	mazedār
leer (kein Inhalt)	खाली	khālī
leicht (wenig Gewicht)	हल्का	halka
leise (~ sprechen)	धीमा	dhīma
link (-e Seite)	बायाँ	bāyān

27. Adjektive. Teil 2

matt (Lack usw.)	मैट	mait
möglich	संभव	sambhav
nächst (am -en Tag)	अगला	agala
negativ	नकारात्मक	nakārātmak
neu	नया	naya
nicht schwierig	आसान	āsān
normal	साधारण	sādhāran
obligatorisch, Pflicht-	अनिवार्य	anivāry
offen	खुला	khula
öffentlich	सार्वजनिक	sārvajanik
original (außergewöhnlich)	मूल	mūl
persönlich	व्यक्तिगत	vyaktigat
rätselhaft	रहस्यपूर्ण	rahasyapūrn
recht (-e Hand)	दायां	dāyān
reif (Frucht usw.)	पक्का	pakka
riesig	विशाल	vishāl
riskant	खतरनाक	khataranāk
roh (nicht gekocht)	कच्चा	kachcha
sauber (rein)	साफ़	sāf
sauer	खट्टा	khatta
scharf (-e Messer usw.)	तेज़	tez
schlecht	बुरा	bura
schmutzig	मैला	maila
schnell	तेज़	tez
schön (-es Mädchen)	सुंदर	sundar
schwierig	मुश्किल	mushkil
seicht (nicht tief)	उथला	uthala
selten	असाधारण	asādhāran
speziell, Spezial-	ख़ास	khās
stark (-e Konstruktion)	मज़बूत	mazabūt
stark (kräftig)	शक्तिशाली	shaktishālī
süß	मीठा	mītha
Süß- (Wasser)	ताज़ा	tāza
tiefgekühlt	जमा	jama
tot	मृत	mrt
traurig, unglücklich	उदास	udās
übermäßig	अत्यधिक	atyadhik
unbeweglich	अचल	achal
undeutlich	धुंधला	dhundhala
Untergrund- (geheim)	गुप्त	gupt
voll (gefüllt)	भरा	bhara
vorig (in der -en Woche)	पिछला	pichhala

vorzüglich	उत्कृष्ट	utkrsht
wahrscheinlich	मुमकिन	mumakin
weich (-e Wolle)	नरम	naram
wichtig	महत्वपूर्ण	mahatvapūrn
zentral (in der Mitte)	केंद्रीय	kendrīy
zerbrechlich (Porzellan usw.)	नाज़ुक	nāzuk
zufrieden	संतुष्ट	santusht

28. Verben. Teil 1

abbiegen (nach links ~)	मुड़ जाना	mur jāna
abbrechen (vi)	ख़त्म करना	khatm karana
abhängen von …	निर्भर होना	nirbhar hona
abschaffen (vt)	रद्द करना	radd karana
abschicken (vt)	भेजना	bhejana

ändern (vt)	बदलना	badalana
Angst haben	डरना	darana
anklagen (vt)	आरोप लगाना	ārop lagāna
ankommen (vi)	पहुँचना	pahunchana
ansehen (vt)	देखना	dekhana
antworten (vi)	जवाब देना	javāb dena

ankündigen (vt)	घोषणा करना	ghoshana karana
arbeiten (vi)	काम करना	kām karana
auf … zählen	भरोसा रखना	bharosa rakhana
aufbewahren (vt)	रखना	rakhana
aufräumen (vt)	साफ़ करना	sāf karana

ausschalten (vt)	बंद करना	band karana
bauen (vt)	निर्माण करना	nirmān karana
beenden (vt)	ख़त्म करना	khatm karana
beginnen (vt)	शुरू करना	shurū karana
bekommen (vt)	पाना	pāna

besprechen (vt)	चर्चा करना	charcha karana
bestätigen (vt)	पुष्टि करना	pushti karana
bestehen auf	आग्रह करना	āgrah karana
beten (vi)	दुआ देना	dua dena
beweisen (vt)	साबित करना	sābit karana
brechen (vt)	तोड़ना	torana

danken (vi)	धन्यवाद देना	dhanyavād dena
denken (vi, vt)	सोचना	sochana
einladen (vt)	आमंत्रित करना	āmantrit karana
einschalten (vt)	चलाना	chalāna
einstellen (vt)	बंद करना	band karana
entscheiden (vt)	फ़ैसला करना	faisala karana
entschuldigen (vt)	माफ़ करना	māf karana

erklären (vt)	समझाना	samajhāna
erlauben, gestatten (vt)	अनुमति देना	anumati dena
ermorden (vt)	मार डालना	mār dālana

erzählen (vt)	बताना	batāna
essen (vi, vt)	खाना खाना	khāna khāna
existieren (vi)	होना	hona
fallen (vi)	गिरना	girana
fallen lassen	गिराना	girāna

fangen (vt)	पकड़ना	pakarana
fehlen (am Arbeitsplatz ~)	अनुपस्थित होना	anupasthit hona
finden (vt)	ढूँढना	dhūrhana
fliegen (vi)	उड़ना	urana
fragen (vt)	पूछना	pūchhana
frühstücken (vi)	नाश्ता करना	nāshta karana

29. Verben. Teil 2

geben (vt)	देना	dena
geboren sein	जन्म होना	janm hona
gefallen (vi)	पसंद करना	pasand karana
gehen (zu Fuß gehen)	जाना	jāna
gehören (vi)	स्वामी होना	svāmī hona

glauben (vt)	आस्था रखना	āstha rakhana
graben (vt)	खोदना	khodana
gratulieren (vi)	बधाई देना	badhaī dena

haben (vt)	होना	hona
hassen (vt)	नफ़रत करना	nafarat karana
helfen (vi)	मदद करना	madad karana
hoffen (vi)	आशा करना	āsha karana
hören (vt)	सुनना	sunana
jagen (vi)	शिकार करना	shikār karana

kaufen (vt)	खरीदना	kharīdana
kennen (vt)	जानना	jānana
klagen (vi)	शिकायत करना	shikāyat karana
können (v mod)	सकना	sakana
können (v mod)	सकना	sakana
kopieren (vt)	कॉपी करना	kopī karana

kosten (vt)	दाम होना	dām hona
kränken (vt)	अपमान करना	apamān karana
lächeln (vi)	मुस्कुराना	muskurāna
laufen (vi)	दौड़ना	daurana
lernen (vt)	पढ़ाई करना	parhaī karana
lesen (vi, vt)	पढ़ना	parhana
lieben (vt)	प्यार करना	pyār karana

löschen (vt)	हटाना	hatāna
machen (vt)	करना	karana
mieten (Haus usw.)	किराए पर लेना	kirae par lena
müde werden	थकना	thakana
nehmen (vt)	लेना	lena
noch einmal sagen	दोहराना	doharāna
öffnen (vt)	खोलना	kholana
prüfen (vt)	जांचना	jānchana
rechnen (vt)	गिनना	ginana
reservieren (vt)	बुक करना	buk karana
retten (vt)	बचाना	bachāna
sagen (vt)	कहना	kahana
schaffen (Etwas Neues zu ~)	बनाना	banāna
schießen (vi)	गोली चलाना	golī chalāna
schlagen (vt)	पीटना	pīṭana
schließen (vt)	बंद करना	band karana
schreiben (vi, vt)	लिखना	likhana
schreien (vi)	चिल्लाना	chillāna
schwimmen (vi)	तैरना	tairana
sehen (vi, vt)	देखना	dekhana

30. Verben. Teil 3

sich beeilen	जल्दी में रहना	jaldī men rahana
sich beeilen	जल्दी करना	jaldī karana
sich entschuldigen	माफ़ी मांगना	māfī māngana
sich irren	गलती करना	galatī karana
sich prügeln	झगड़ना	jhagarana
sich scheiden lassen	तलाक़ देना	talāq dena
sich setzen	बैठना	baithana
sich treffen	मिलना	milana
gehorchen (vi)	मानना	mānana
singen (vt)	गाना	gāna
spielen (vi, vt)	खेलना	khelana
sprechen (vi)	बोलना	bolana
sprechen mit …	से कहना	se kahana
stehlen (vt)	चुराना	churāna
sterben (vi)	मरना	marana
stören (vt)	परेशान करना	pareshān karana
tanzen (vi, vt)	नाचना	nāchana
tauchen (vi)	डुबकी मारना	dubakī mārana
täuschen (vt)	धोखा देना	dhokha dena
teilnehmen (vi)	भाग लेना	bhāg lena

trinken (vt)	पीना	pīna
trocknen (vt)	सुखाना	sukhāna
übersetzen (Buch usw.)	अनुवाद करना	anuvād karana
unterschreiben (vt)	हस्ताक्षर करना	hastākshar karana
verachten (vt)	नफ़रत करना	nafarat karana
verbieten (vt)	प्रतिबंधित करना	pratibandhit karana
vergessen (vt)	भूलना	bhūlana
vergleichen (vt)	तुलना करना	tulana karana
verkaufen (vt)	बेचना	bechana
verlangen (vt)	माँगना	māngana
verlieren (Regenschirm usw.)	खोना	khona
verneinen (vt)	नकारना	nakārana
versäumen (vt)	ग़ैर-हाज़िर होना	gair-hāzir hona
verschwinden (vi)	ग़ायब हो जाना	gāyab ho jāna
versprechen (vt)	वचन देना	vachan dena
verstecken (vt)	छिपाना	chhipāna
verstehen (vt)	समझना	samajhana
versuchen (vt)	कोशिश करना	koshish karana
vertrauen (vi)	यकीन करना	yakīn karana
verzeihen (vt)	क्षमा करना	kshama karana
voraussehen (vt)	उम्मीद करना	ummīd karana
vorschlagen (vt)	प्रस्ताव रखना	prastāv rakhana
wählen (vt)	चुनना	chunana
warten (vi)	इंतज़ार करना	intazār karana
weinen (vi)	रोना	rona
wissen (vt)	मालूम होना	mālūm hona
Witz machen	मज़ाक करना	mazāk karana
wollen (vt)	चाहना	chāhana
zahlen (vt)	दाम चुकाना	dām chukāna
zeigen (jemandem etwas)	दिखाना	dikhāna
zu Abend essen	रात्रिभोज करना	rātribhoj karana
zu Mittag essen	दोपहर का भोजन करना	dopahar ka bhojan karana
zubereiten (vt)	खाना बनाना	khāna banāna
zustimmen (vi)	राज़ी होना	rāzī hona
zweifeln (vi)	शक करना	shak karana

.